越境としての古代

越境の会／編

同時代社

越境としての古代／目次

発刊にあたり――明日のための交響曲／室伏志畔……5
第一章　豊前王朝説―「九州の難波津」の発見／大芝英雄……10
第二章　「磐井の乱」を考える―六世紀前半の倭国／兼川晋……43
第三章　日本偽銭考――和同開珎の「謎」を考える／添田馨……76
第四章　倭国易姓革命論／福永晋三……92
第五章　起源の物語『常陸国風土記』／松崎健一郎……125
第六章　「新撰姓氏録」の証言／三宅利喜男……159
第七章　九州王朝説の脱構築／室伏志畔……193

発刊にあたり――明日のための交響楽

「越境の会」代表・室伏志畔

これは明日のための交響楽を編むものである。

谷川雁ばりにいうなら明日のために死ぬ言葉こそ、この世に対する残すべき仕事と考え、私はこ六年、古代に向き合い今に対する悪意を吐きかけた。それはあぶくのように現代の喧噪に呑み込まれていったが、私はめげずにその駒を進めるとともに、聞くに値する多くの呪詛を風のように集め、どっかりと居座ったこの停滞前線を吹き飛ばせないものかと思った。

想いを巡らすなら、七〇年代の長江文明の発見と前後した、大和朝廷に先立つ九州王朝・倭国説の登場は、学界外の市民による歴史研究運動に大きく道を開いた。

しかしその市民による研究運動は、九〇年代に入ると、その中心がマスコミを利用した「偽書疑惑」の中で大揺れし、ついには九州王朝説を持て余し、四分五裂するに至った。

そこから、九州王朝説に及び腰となった会もあれば、再び九州王朝説に結集する会も新たに組織され、またそれらとは別個に自由な独立した研究会も各地に旗揚げし、とりどりに会誌を競いながら今日に至った。

それは「偽書疑惑」騒動に対するスタンスの取り方のちがいとも見えたが、会運営の民主的なあり方に対する問題が伏在していた。私はこの「偽書疑惑」騒動は九州王朝説潰しのために仕組まれたものだと、九州王朝説擁護の旗を鮮明にする中で歴史論を書き出すこととなった。その中で通説に捉われることなく新たな知見を提供してくれるこれらとりどりの会誌の試みを楽しみとした。私は自分の立場にこだわることなく、これら小論から栄養分を取り込む一方、これら小論の筆者がさらに飛躍することをのぞまないではおれなかった。

戦前の狂信的な皇国史観を排し、「科学的」な文献実証史学による方法的制覇を明らかにする「民科」による活動が、戦後の歴史研究運動をリードした。社共を始めとする戦後革新政党の歴史理論はこの「民科」におんぶにだっこされ今日に至った。しかしこれは直木孝次郎が皇室の大和自生説を取っているように、記紀史観の掌中で「科学的」衣装をとった戦後版の皇国史観でしかなかったのはもはや自明である。日本の市民運動が多く政治的な引き回しの中でポシャっていく中で、市民による歴史研究運動が七〇年代以後、活発化し、その分裂に関わらず会誌の発行を継続させているのは、ひとえに、この戦後の新国学としての戦後史学に飽き足らなかったところに発する。つまり市民による歴史研究運動は戦後革新理論に対する失望の中から生まれ出たのだ。

この失望感は、これら会誌の小論の執筆者が様々に等しく踏まえたところであった。私はそれを思うと、ドストエーフスキーが『悪霊』で描いたフォン・レムプケーを思い出さずにはおれない。

彼は貧しかった。彼は焦がれ、娘も憎からず彼を思っていたが、娘は金持ちのところに行ってしまった。つまり彼は失恋したのである。しかし、そこから彼は紙細工の劇場を作った。幕が上がると身振りする役者に合わせ、桟敷にいる様々な見物人の中の、伊達男や将校連中が喝采する。そして楽長の指揮棒に合わせ、機械仕掛けのオーケストラが、ヴァイオリンは弓を引き、シンバルは打ち合わされ、サキソフォンは膨らむのだ。しかしそれらは紙細工のため音を奏でない。まるでレムプケーの壊れた心のように。

この紙細工の製作にレムプケーは六カ月を要したというが、この紙細工の劇場を目の当たりにしたものはわずかである。私はここに手近な私を含む六人の侍にお集まり願ったが、それぞれのレムプケーの小劇場は、それに倍する恐ろしいまでの時間がかけられているのを知っている。その一端に私は会誌で触れたものの、その全貌に触れられないことを悔しく思ってきた。そしてそれが本にまとめられず散逸していくのに堪えられなかったのは、そうしたレムプケーの仕事の運命は六人に限ったことではなかったからである。

そこで私は、今度、私の『日本古代史の南船北馬』を引き受けてくれた同時代社の川上徹に、「市民による古代論集」を継続的に出せないものかと相談した。川上徹は我々に倍する修羅場で、大いなる失望を噛みしめて来られた先達なのであろう、私の意見に静かに耳を傾けると、「出しましょう」とゴー・サインをくれたのである。

私の上京は果たされた。私は帰阪すると、さっそく連絡を取り、この紙細工に倍する多年の頭蓋の中のそそりたつ構築物の、そのダイジェストを五〇枚にまとめてくれることをお願いし、期間を一カ月に限った。彼らがこぞって早書きであったからではない。ないところに金はないように、すでに知恵あるところに論は成しやすいと判断したからだが、予想に違わず、打てば響くようにそれらは届けられた。

筆者は私の論を含めこれら届けられた仕事が、レムプケーの仕事に負けないほど立派な出来栄えであったと、手放しで喜ぶことはできない。しかし彼らがこぞって、レムプケーに負けない大いなる失望を発条にして、それぞれの分野で「古代における越境」を通して、現在の状況を突き抜ける試みとして、これらを提出していることは保証したいと思う。本書の題名はそこから『越境としての古代』とするほかなかった。そして明日が原稿の発送という日に、思わぬ論稿が飛び込んできた。私はその筆者を巻き込み、この書は最終的に七人の侍をもって出発することとした。

この明日のために死ぬ言葉を集める試みをシリーズ化させるためには、魅力に富んだ執筆者の発掘と強化に努めなければ、たちまち読者に見放されるのは必至である。我々はその発掘に努めると共に、勧んで読者が寄稿者に変身することを願わないではおれない。必要は発明の母であるとように、現在に対する不満こそ明日のために死ぬ言葉の源泉であることは、我々が身をもって体験してきたところである。

我々は制約なしで、ただ明日のために死ぬ言葉を求める。肩書や名前がここで通用すると思ったらまちがいというものだ。

今回の発行にあたり、執筆者に求めたのは、一定の負担を執筆者が均等に負い、一般読者に読める程度のルビを振ること以外は求めなかった。その負担分の本を受け取るところに、本書の発行は成り立っている。ひとりでも多くの読者の手でこの書が経済的に支えられることなしに、その継続はありえないことを訴え、発刊の言葉としたいと思う。（平成一四・九・一五）

第一章　豊前王朝説――「九州の難波津」の発見

大芝　英雄

はじめに

古代史に於て、この評題の論考は先蹤の論者が皆無であり前人未到である。古来『記・紀』（『古事記』・日本書紀』）の注釈は、多くの学者により繰り返し行われてきたが、一定の史観の下に、それに整合した論理に基く必要性があった。これより、大和史的史観の下では、地名などの比定に於て必然的に大和的にならざるを得なかったのである。

しかし現在、多くの「同地名」が九州と本州に併存することは周知の事実であり、その遷移の比較研究もあり、本州の地名が始源とは限らない。にもかかわらず、『記・紀』記述の「難波・難波津」という名称については、古今を通じて「摂津国難波津（大阪市沿岸）」以外の地に比定した人は未だいない。又、九州王朝説（古田説）論者でも同様である。従って、本稿の『記紀』解釈、「豊前の難波及び難波津」の論考は嚆矢となろう。

従来、大和史説では「摂津難波」と規定するから、「書紀・中国文献の対外記事注解」に於ては反文意的な障害の一つとして、不整合なる面があった。一元説、多元説を問わず本稿の「豊前難波津」の容認により、古代史注解に於て新たな知見と事実が見えるものと信ずる。本稿は、『記・紀』記述の精査より、文章構造の異質感を取り上げ論考したものであり、古代史、文献史学的見地より論証した。

一　「豊前難波津」説の提起について

「難波」の初見は「神武紀」にある。これの急潮流による「浪速」・「難波」を付会であるとした江戸期の国学者、鹿持雅澄は「ナニワ」とは、「魚・庭」（な・にわ）であって魚類の豊富な海、大阪湾（河内湖）が妥当という所説を流布してきた。ところが、昭和三十六年、福尾猛市氏は、古代難波の入江に於ける潮の干満の差を、これによく似た岡山県児島湾（古名、吉備の穴海）の干満潮流より研究して、神武紀の難波・浪速《なみはや》の記述の正当性を論証された。けれども、「難波」の位置については、大阪湾岸以外に比定した異説は、未だ皆無である。次に、本論の基点を挙げる。

『日本書紀』

安閑紀二年九月条……別に大連に勅して云はく「牛を難破の大隅島と姫島の松原とに放って名を後の世に残そう」とのたまふ。

この文語でいう「難波」を特定づけるものは、必然的に「大隅島と姫島」の二つの島の存在が必須条件であることが知れる。まず、大系本では、頭注に大阪市内の現町名（大道町と姫島町）を当てるが、これは古への島と見る根拠がない。故に「摂津の難波」と見るのは不適切である。

本稿は、この「安閑紀の難波」は、周防灘の九州側湾岸（豊前海岸）を比定するのが適切であることを検証する意図を持つ。先ずこの難波には、「象徴的な二島」が存在すると言う固有的な特徴がある。今、その地勢について概説すると、豊前国周防灘湾岸（福岡県東部）を指し、この湾の北端は関門海峡であり、それより弧状に南下して南端は国東半島の先端に至る全長約八十粁に亘る大円弧状海岸である。この南端の国東半島の先端約五粁沖には「姫島」（大分県、姫島村）がある。そして、この湾の北端、関門海峡を構成する九州側の企救《きく》半島の周防灘側に、「大隅島」があると私見する。但し、「大隅島」については次の注釈を必要とする。

※　応神紀二十二年三月条、天皇「難波に幸して大隅宮」に居します。

※　応神紀四十一年二月条、天皇、明宮（あきらのみや）に崩りましぬ。一に云はく、大隅宮に崩りましぬといふ。

この「明宮」について頭注（岩波大系本）を見ると、『古事記』に「品陀和気命、坐軽島之明宮治天下也」とあり、『続紀』その他に多く「軽島豊明宮」。万葉集注釈に所引摂津風土記逸文には「軽島豊阿伎羅宮」とある。この「注」より「難波の大隅宮」は、「軽島」であることが知れる。前記した企救半島の「大隅島」の位置には、陸地に近く「軽子島」という小島が現存する。この小島の前面陸地は、三方を企救半島中央部の山並みに囲まれた小平地のことである。

「島とは、必ずしも海の中ならねども周れる限りのある地をいう」と、島の定義として応神紀の頭注にある。従って、この半島の中程、三方囲地が「大隅島」即ち「軽島（軽の地）」であり、その前面の海には「軽の子島」がわずかに、その古名を現在に伝承しているものと推考される。但し、この地の考古学的所見は未調査だが、本稿では、先づ書紀記述より論証したいと考える。「応神紀」であるから天皇は、応神天皇とは考えない。書紀編さん上、現地の「王」に大和朝廷の「王」を重ねて写した記述方法もあり得ると見ると、「ある王の宮跡」がそこに存在したことには相違ないであろう。

以上、この端緒的論拠を始めとして、「豊前難波」を逐次、検証して行きたい。こうして、「豊前難波」の全貌は、企救半島先端より国東半島先端に亘る弧状の豊前沿岸（周防灘九州岸、約八十キロ米）であると見られる。そして「大隅島（軽島）」と「姫島」の二島が両端に存在する。仁徳記には「難波の大渡り」とある。（付図参照）

次に「難波津」の位置について考察する。

※　景行紀十二年九月条、「天皇、筑紫に幸して豊前国の長峡県に到りて行宮を興して居します。その處を号して「京」という」（現、福岡県京都郡《みやこぐん》）

この豊前湾岸中央部の海岸に長峡川の河口があるから当然、長峡川流域には「行宮」があり、その河口を「江口」・「御津」と称するのは自然である。即ち、行宮とは「難波宮（長峡宮）」であり、「津」は「難波津」となろう。後代、難波の大郡《おおごおり》があり、隣接して「小郡」があったことが、後述の説話（日羅説話）より知れる。そして、そこには難波津の客館《むろつみ》「難波館」があったことが推測できる。

次に、「行宮」とは、景行紀が景行天皇の大業として潤色したもので、豊前の王朝の「難波宮」の宮域がそこに存在したことを示唆している。「書紀」解釈を主体とする論考であるから、地名比定より「難波宮」の所在の可能性を見ると、長峡川の河口より上流約十粁（現、勝山町）には、「御所ケ谷神籠石列」（重文）があり、列石が「御所ケ谷（標高二五〇米）」を巡っている。何故、ここに「御所」の名称が伝承されているかは未調査ながら、その神籠石の裾野附近には「長峡宮」「難波宮」を想像してもさして不当ではないように思われる。この地、現、福岡県行橋市周辺は、弥生からの遺跡が重層し、本稿の想定地も福岡県の指定遺跡地帯に当る。特に、附近には畿内型前方後円墳も多く、弥生土器などの純考古学的発掘所見の発表もあることに注目したい。

以上、九州の難波。難波津。難波客館。難波宮。について概説した。『記紀』記述でも難波津は、対外的に王朝の玄関と解されるところから、もし、豊前難波津を真とすれば、豊前の王朝の玄関となる。こうして、「豊前王朝説」が立ち上ることになろう。

九州王朝説（古田説）では、中国史書より倭国王朝は博多湾岸、筑紫平野を畿内とする王朝であったと論ぜられているから、本稿の豊前王朝説とは矛盾するように見えるが、次の事項によって整合すると考える。

『隋書』に言う「倭王は天を以て兄とし、日を以て弟となす」の兄弟王朝であるのは明らかである。（斉明紀七年に東朝の語あり）即ち、「筑紫本朝と豊前東朝」の二朝一元制王朝であった。『隋書』の時代は、倭王、多利思北弧は、豊前難波宮に都していたと考えられ、隋使、裴世清は、豊前難波宮に来て王と面談している。

今まで『記紀』記述には「難波」は各年代に広く出現するが、総て「摂津の難波」一辺倒に解釈

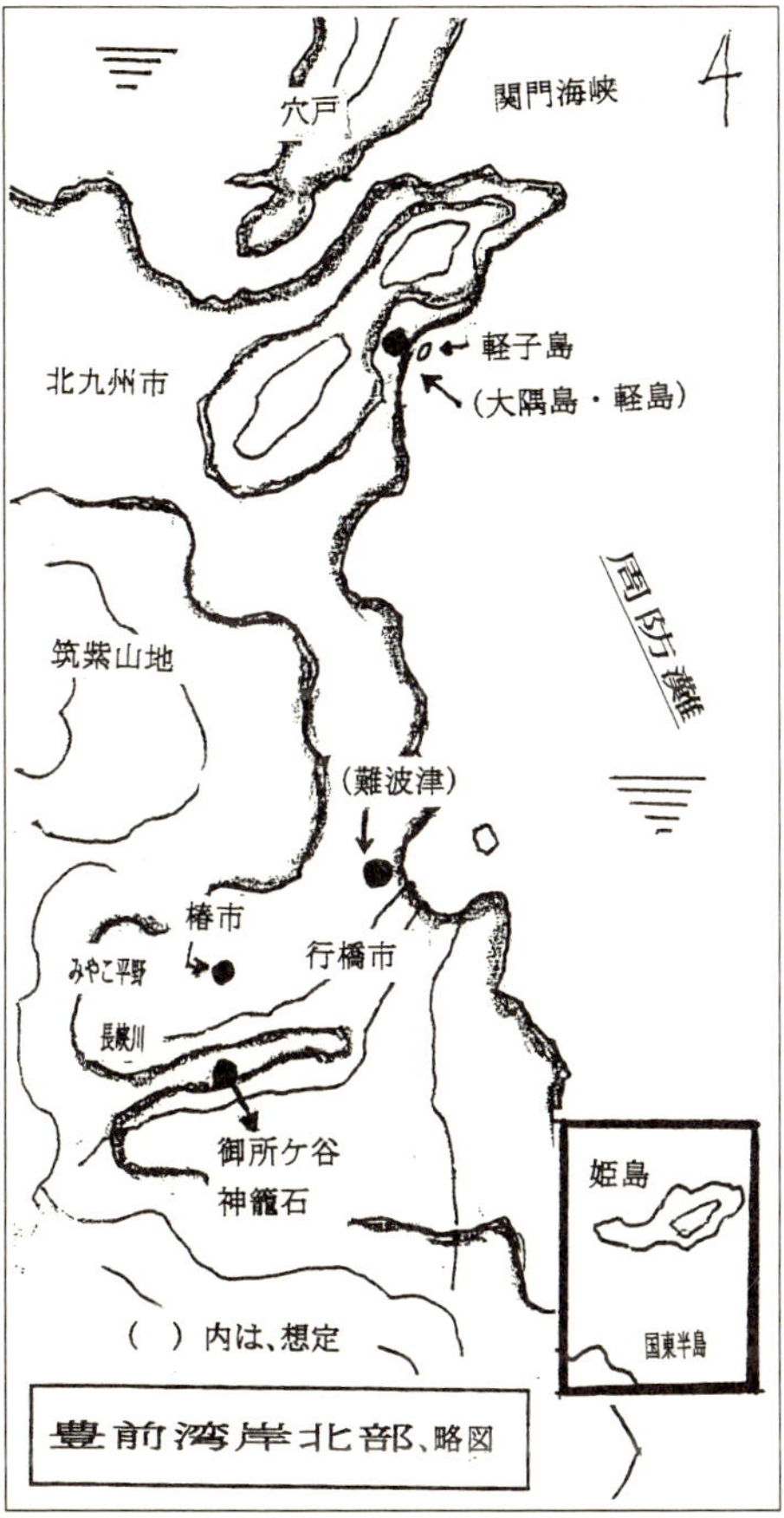

豊前湾岸北部、略図

され疑う者はなかった。この「摂津難波」を「豊前難波」と解する本稿を理解するには、先ず背景を「九州王朝説（古田説）」によらねばならないが、同説は如何なる理由からか、『記紀』の難波を通説と同じく「摂津」と解しているようだ。遺憾ながら本論と異なる道として対応するしかない。『記紀』王統は、倭国の大和分家王朝なのか、或は豊前東朝（弟王国）なのか、これを識別できるのが「難波・難波津」の所在地と言うことになろう。

二　「豊前難波津」説の文献的論証

文章には、それから得られる刺激により、読者自身の「想」が醸成される。その「想」とは、古代史の場合「その文章の背景」を為すものであろう。その背景の世界の下に説話伝承の記述が展開していると解される。例えば、

※「冬十月四日、唐国の使人、高表仁等、難波津に泊れり」（舒明紀）

この文章では、「難波津」を固定観念で見るから先入観より「摂津難波津―大和朝廷の世界」での出来事として認識する。しかし、「豊前難波津」と見れば、大和朝廷の世界の「想」も消滅して、「豊前難波津―豊前王朝」の世界の「想」となる。このように、難波は、思考の決定的な分岐点である。この認定を誤れば、文章の背景が大和になったり、九州になったりするからである。「難波津」は、史観で言う王朝の玄関を象徴していることに特徴があり、『記紀』解釈の焦点となる。本

稿では、「豊前の難波」を顕現することにより、既成概念を排除し、歴史の真実に一歩近づきたいと思う。

1　天之日矛の渡来伝説比較（『古事記』と『日本書紀』）

「応神記」と「垂仁紀」に所載する、この伝説は周知である。多少の表現の違いがあっても両書は同源には相違ない。しかし、史観の相違は明白である。

「応神記」の伝承

（1）昔、新羅の国主の王子、名は天之日矛といふ者あり。
（2）日光感精の玉（卵）を得て、その玉、すなわち美麗な嬢子となりぬ。
（3）よりて、嫡妻とす。王子、心奢りて、いさかいし、妻のがれて、
◎（4）「渡り来て、難波に留まりぬ。こは、難波の比売碁曽の社にます阿加流比売（あかるひめ）といふ神なり」
（5）また王子、追い渡り来て難波に到らむとする間に、その渡りの神、塞へて入れざりき。かれ、多遅摩の国に留まりぬ。

これに対し、「垂仁紀」の天之日矛伝説は、書写したほぼ同文ながら大和史的修飾の付加文が添付されている点に疑義がある。それは、◎（4）の文尾に、

【且、豊国の国東郡に至りて、復、比売語曽社の神と為りぬ。並びに二處（二個処）に祭ひまつられたまふといふ】と、付加文がある。

書紀編者は、◎（4）本文を摂津難波と見たから、文尾に豊国の国東郡の姫島伝承を付加したと思われる。これより判明することは、平城京の書紀編者（七二〇年）は、「豊前の難波」を知らなかったのであろう。編者の手もとには、符合する「姫島伝承資料（豊前難波）」があり、どうにも「摂津難波」と結び付かないため躊躇の結果、仕方なく「二個処に祭りたまふ」と付加文を垂仁紀に付記した。これは、書紀編者が故意に「九州の難波」を隠蔽するための潤色とは思われないところから、白村江敗戦から五七年（六六三〜七二〇）、八世紀の平城京では「豊前の難波」は、既に「死語」であったものだろうか。この付加文の解釈からも逆に、古代「豊前難波」の正当性が知れるだろう。

（注）豊国・国東郡の「姫島」とは、

比売語曽神社は、豊国の国東半島北端約五粁の沖合に浮かぶ姫島に鎮座する。この周防灘にある姫島は、『古事記』の国産み神話では「女島《ひめしま》天一根（あまのひとつね）に比定される。この海岸や対岸の国東半島岸は、古来、砂鉄の産地として知られ、この神社の境内にも酸化鉄の沈殿した赤い湧水があり、祭神は赤水明神。阿加流比売《あかるひめ》の神という。

2 「豊前難波津」を『日本書紀』の船行記事で判定できるか。（四例）

天皇の西征記事を持つ斉明紀の「難波津」は、「大和説、摂津と見るのか、九州説、豊前と見るのか、」明確に識別できると考える。それは、古代船の船足を検証する方法としての識別は、一応、科学的データによるため有効性があろう。

◎「『書紀』記述三例の航程（一日当りの平均船足）」を比較し、古代船の速度としての合理性を検討する。

（イ）　難波より伊予熟田津（石湯行宮）への舟行を考察。（斉明紀）

○　六年十二月二十四日、天皇『難波』宮に居す。

○　七年一月六日、『難波』出港。→八日大伯の海。→十四日伊予（熟田津）。

（注）次に、この『難波』を摂津と見るか、豊前と見るかである。

a　摂津難波→伊予　三〇〇キロ（九日間）→　三三キロ行／日。（舟足）

b　豊前難波→伊予　一六〇キロ（九日間）→　一八キロ行／日。（舟足）トナル。

（ロ）　天皇の喪、帰還。朝倉より難波への行程を考察。（斉明紀）

○　七年七月二十四日、天皇朝倉宮に崩ず。

○　七年十月七日、天皇の喪「帰りて海に就く」→二十三日「難波」に帰る。

（注）「帰りて海に就く」は、朝倉より博多（陸行50k）へ帰った意味。

a　朝倉→博多→摂津難波　五〇キロ＋五二〇キロ＝五七〇キロ（十七日間）→三四キロ行／日。

b　朝倉→博多→豊前難波　五〇キロ＋一二〇キロ＝一七〇キロ（十七日間）→一〇キロ行／日

トナル。

（八）　伊吉連博徳《いきのむらじはかとこ》の書（斉明紀）小錦下坂合部石布連らの遣唐。

○　斉明五年七月三日、難波の三津之浦から船出した。

○　同　八月十一日、筑紫の大津の浦（博多）を船出した。（難波より二十三日間）

○　同　九月十三日、百済の南辺の島（済州島か）に到着。（博多より三十四日間）

（注）博多→済州島は、途中の泊地「壱岐」一ケ所しかなく、ほぼ正確に船足を算出できると思われる。摂津と豊前の比較をすれば、

a　摂津難波→博多　五二〇キロ（二十三日間）→二三キロ行／日。

b　豊前難波→博多　一五〇キロ（二十三日間）→七キロ行／日　トナル。

☆博多→済州島　三二〇キロ（三十四日間）→九キロ行／日（☆印後述）

（二）　百済朝貢船、博多より難波津への舟行を考察（皇極紀）

○　皇極二年六月十三日、高麗（百済）筑紫に来朝す。回航を指示して、

○　同　六月二十三日、百済船、難波津に泊れり。（所要日数十日）

（注）関門海峡経由して。

a　博多→摂津難波　五二〇キロ（十日）→　五二キロ行／日。
b　博多→豊前難波　一二〇キロ（十日）→　一二キロ行／日　トナル。

◎【総括】以上の四例の「日速（船足）」を総括すると、
摂津説「a」は、三三・三四・二三・五二（キロ行／日）。平均三六キロ行／日。
豊前説「b」は、一八・一〇・七・一二（キロ行／日）。平均一二キロ行／日。

（注）（3）の伊吉連博徳書には、指標的な「☆印」があり、博多→済州島間の「九キロ行／日」は、泊地が壱岐一ケ所であるから日速に与える誤差は少ない。船足として、「☆印」の日速が両者を決するものと考えられる。

水行は、陸行より直線的で距離は均一化されるが、夜の航行は不可能であり、港では「潮待ち、風待ち」などの不確定要素が多く、単純な計算を以て比較はできない。これは、読者のご批正を賜りたいが、私見としては、『日本書紀』記述の単純平均日速（船足）として、この四例より、〇「巡航平均日速一〇～一〇キロ行／日」が妥当ではないかと見る。二五キロ行／日以上は、古代船には無理な航行と推測できる。

これより「豊前難波津説」に合理性があり、『古事記』豊前王朝説の妥当性も明らかとなろう。従って、通説、摂津難波津説は物理的に否定される。（最近のデータでは、一九八九年、復元古代船「なみはや」による航行実験データ。大阪～釜山間七〇〇キロの所要日数は三〇日。一日当りの平均船足は、二三・三キロ行／日である）

3　『天武紀』以降の新羅使による、「難波」の判定（白村江敗戦以後）

壬申の乱以後の「新羅使」の書紀記述についても「難波」は重要である。六七一年、唐の「筑紫都督府」撤退後、同じ戦勝国の新羅がその後を引き継ぐように「倭国属領視」を以て、九州倭国の国政に干渉したという現実的見解を持つべきであろう。

『三国史記』新羅本紀文武王十一年七月条、武烈王が貞観二十二年（六四八）入朝し、太宗（大唐）に恩勅を賜った。「高句麗・百済平定の暁には、平壌以南は、すべて汝の国新羅に与えよう。（以南は、倭国も含まれよう）」と、新羅人は、この恩寵に報ゆるため粉骨してきた悲願成就なのである。書紀記述の「新羅の朝貢使」は我田引水であり、実は、遣使は皆、高姿勢の「倭国監督使」であったのである。（請政と表現している）

天武元年より文武元年（六七三―六九七）の二十四年間に、二十二回の遣使がある。ほぼ毎年一回の頻度である。その中、十九回は「筑紫に至る（京）。筑紫より帰る」とあり、太宰府政庁に来ているが、その中、三回だけ「難波に到る」がある。この「難波」をどのように見るべきであろうか。僻遠の「摂津」と解するのは「難波は摂津しかない」という窮屈感がわだかまっている。「再水行する」言がないからであろう。

○主要「新羅使」来朝、期日表（天武持統紀の三回の難波？）

年	人名	筑紫に至る	→京に召す	→「難波に到る」	→帰国す（月／日）
天武二	金承元	六／一五	八／二五	九／二八	一一／一
四	王子忠元	二月	二月	四月	八／二五
五	金清平	一一／三	六年三／一九	──	八／二七
持統六	朴億徳	──	──	六年一一／一一	七年二／三〇
九	金良琳	三／二	──（請政）		

この表では「難波に到る」三回を挙げた。筑紫に至る（大津）、京に召す（太宰府政庁）、難波に到る（豊前の王宮）である。この殆どである十九回の遣使は、太宰府政府に来て帰国している。記述から見ると、使人を送った送使（船師）は、大津止まり。中客以上は、太宰府政庁まで。重要使者は、太宰府経由、陸行、難波宮（豊前）に到っている。拝謁して帰路の記載はないが、恐らく逆行して筑紫に帰り、帰国したものと思われる。特例として王子忠元だけは「難波より発船して帰国」と記している。

又、朴億徳は、六・一一／八来朝。同一一／一一難波館に饗応。七・二／三〇帰国。この記述より、来朝より難波饗応まで僅か三日間であるから、新羅より関門海峡を経て「豊前難波津（行橋市）」

へ直行したのではないかと見られる。いずれにしても、近畿摂津難波津ではあり得ないであろう。これより、豊前難波津が明らかとなろう。

4 「難波三津之浦」という考証

斉明紀五年条、(六五九) 遣唐使、『伊吉連博徳書』引用の冒頭に、
【七月三日、発自難波三津之浦】(難波、三津之浦より発す) とある。
通説は当然、「摂津の難波津」とするが、それでは「三津」の意味は不明となる。これを先ず、次の『記・紀』の語源説話で見ると、

(1)『記』仁徳記では、八田若郎女の項に、「難波の大渡りで大后、嫉妬で載せし御綱柏を悉に海に投げ棄てたまひき。故に、其の地を号して御津前《みつのさき》と謂ふ」

(2)『書紀』仁徳紀三十年条、「皇后が難波の済《わたり》で御綱柏を投げ棄てられたので、時の人は号して「葉《かしわ》之海・葉済《かしわのわたり》と謂ふ」とある。

(3) 景行紀、日本武尊の熊襲征伐の項に「難波の柏渡り《かしわのわたり》の神」の語がある。この三例は、いずれも広葉樹の御綱柏 (御津柏) を【御津】或は【柏】と略記している。

(4) 又、「筑紫風土記に曰く、奇柏は御津柏なり」(大系本) より「難波の御津」は九州の津であることが、これより知れる。(増田修氏のご教示)

(5) 豊前国戸籍帳断簡 (大宝二年) に、「難波部」の名があり、豊前の地名につながる。

以上の要件より「三津と御津」は音韻慣用語であり、『記紀』共に九州難波を指し、摂津難波は適合しない。

次に「三津之浦」とは、文字通り三個処の津（湊）がある地域。即ち、三河川の河口が一つの地域に集中したところでなければならない。これが地形からきた地名の普通名詞であるのは論をまたない。この意味から、通説、摂津難波津は、淀川一川の一河口であり、「三津」の意味はない。これに対して「豊前の津（本論）」は、「長峡川・今川・祓川」の三川の河口が一つの湾に集中している現実がある。（現、福岡県行橋市）ここには当然、近接して三個処の河口の湊があっただろう。正に「三津之浦」に当る。今にその地形を残す。

「三津之浦より発す」という『伊吉博徳書』は、第四次遣唐使（六五九）の一員としての帰朝報告書であり、その編纂は天智五年（六六六）帰朝以降であろう。この間七年、母国の九州倭国は朝鮮三国の戦乱に巻き込まれ、百済と同盟した倭国は、白村江に惨敗し、存亡の危機となった。もと「博徳書」は、九州倭国王朝の臣としての視点の書であるものを『日本書紀』資料（大和視点）にそのまま引用していると言う手抜かりがある。その後、博徳は大和朝に仕官している。「博徳書」のいう難波三津之浦は豊前となろう。

5　四天王寺造営記述に見る『日本書紀』の視点

a　崇峻紀即位前紀七月（五八七）「摂津国に四天王寺を造る」

b　推古紀元年　（五九三）「始めて、四天王寺を難波の荒陵に造る」

この両者の間、六年あり、重複とは言えないであろう。両者を対比すると、

a　摂津国とし、難波の名がない。この時、摂津に難波がなかったからであろう。

b　国名を省いて、難波の荒陵とする。近視点であることに注意すべきだ。

即ち、「遠い摂津の国」と「当地の難波の荒陵の地」と見る視点が伺える、豊前の視点である。そして、「摂津の四天王寺」は大阪市にあり周知である。では、「当地の難波の荒陵の四天王寺」とは何処なのか。これを次に想定して見る。

福岡県行橋市海岸が豊前難波三津之浦であるとすると、京都郡平野一帯が「難波」と呼ばれたと思われる。古代は今より海岸線が後退していた痕跡があり、遺称地名「草野津・流末」など今に残る。北は平尾台カルスト台地に接し、三津之浦より五キロ程にしてその山麓の行橋市「椿市」に至る。その地の椿市廃寺は、礎石より伽藍配置が大阪四天王寺と同一とする考古学的考証がある。又、「荒陵」とは荒れた岡（丘）の意であるから、カルスト台地（石灰岩台地）平尾台に当る。この情景から、「難波の平尾台（荒陵）山麓の地に、四天王寺を造る」と比定できる。即ち、椿市廃寺は豊前の難波四天王寺であったことになり、二つの四天王寺が『日本書紀』記述に照らして整合する。

三　「豊前難波津」周辺国に関する考察

前節で解説の通り「難波三津之浦」は、三つの津（三つの大河の川口（湊））が集中する浦地のことであるのは『記紀』難波津の必須要件である。それが、九州豊前国、現、行橋市海岸に比定できる、とすれば『古事記』に著名な「仁徳記の難波高津宮」もこの地の伝承と見ることができるだろう。この仁徳記説話には、難波の周辺国の状況の描写があり、漠然と読み進むと、お伽（とぎ）話しの国の王朝物語りに写る。そこには「木ノ国や山代国」と架空な国名が現れ、ますます仮想現実に引き込まれる思いがする。この説話の典型的なものを挙げて、豊前難波高津宮（行橋市海岸）の周辺国を探索して見る。

○大后イワノヒメ命幸行説話（仁徳記の部分）要約

【難波高津宮の大后、イワノヒメノ命、豊楽《とよのあかり》用の御綱柏を採りに「木ノ国」に幸行し、御船に満載して還幸される時、「難波の大渡り」で吉備国へ帰る倉人女（官女）の船に遇った。大后は、倉人女から留守中の天皇の不行状を詳しく聞き、嫉妬されて、御船に載せた御綱柏を悉く海に投げ棄てられた。そして、高津宮に帰らず、難波の堀江より河のまにまに山代河をさかのぼって「山代国」の筒木の仮宮に篭もられた】

この説話の大后の行動軌跡から、難波津の周辺地が推定できる。高津宮がある豊前京都郡（難波）より比較的遠く「木ノ国」があり、すぐ近隣に「山代国」があることが知れる。（国の単位は、一郡ほどであろう）（第一図、第二図参照）

【第一図】古代豊前沿海は、北より南下して企救郡・京都（美夜古）郡・仲津郡・築城郡・上毛

第一図　豊前国、和名抄の郡名

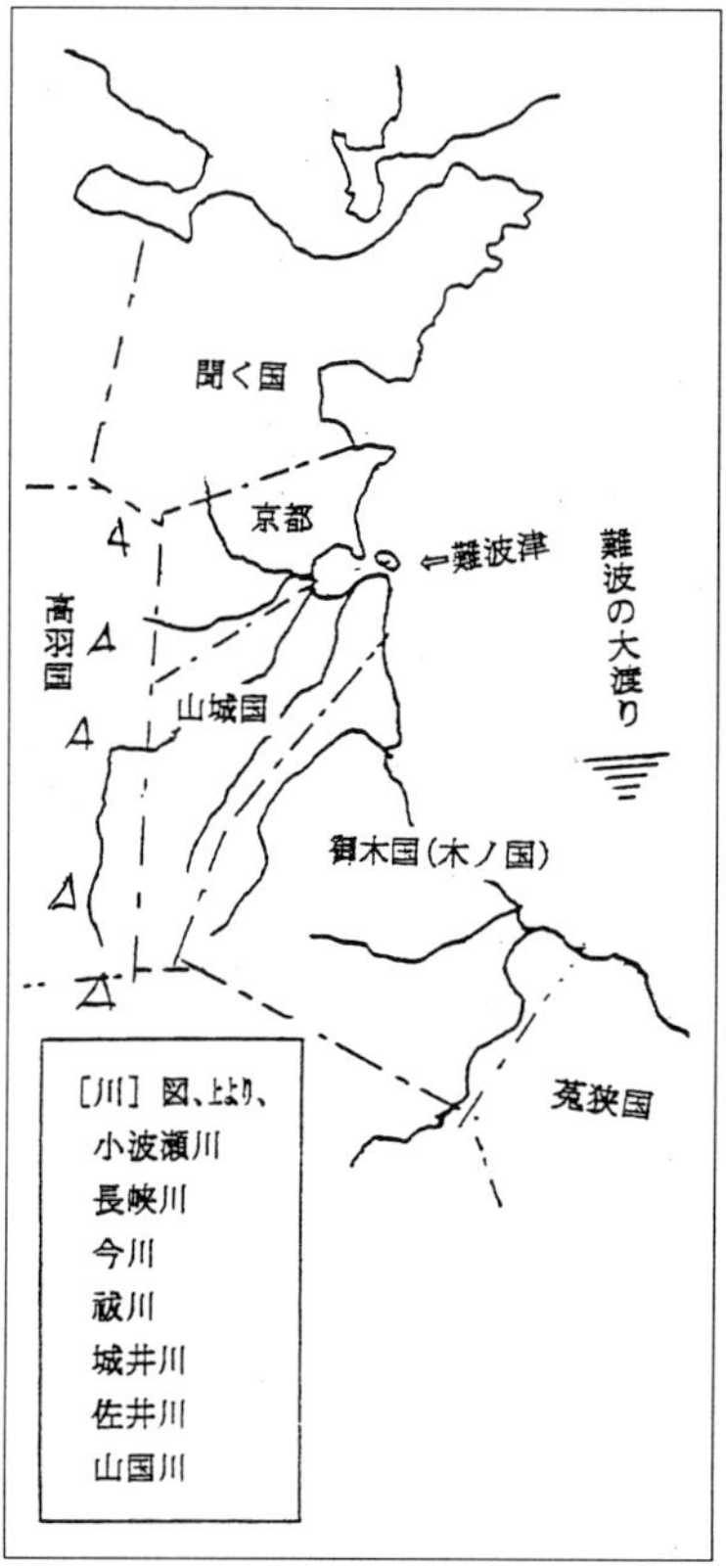

第二図　上古の豊前地方の推定

郡・宇佐郡（『和名抄』）と並ぶ。では、その上代は、どうか、

【第二図】上古（大化前代）の豊前地域を推定すると、「難波京都域（拙稿）より南へ山代国（仲津郡）・木ノ国（築城郡と下毛郡）・菟狭国（宇佐郡）が並ぶ」ことが、仁徳記の近隣説話で説明できると私見する。

（注）現、福岡県では、ほぼ京都郡と仲津郡を合わせて「京都郡」とし、築城郡と上毛郡を合わせて「築上郡」と行政区画されている。

【第三図】大后イワノヒメ命幸行説話。前記要約を、次に第三図で見る。

◎［実地解説］イワノヒメ命幸行説話の軌跡（順路）を【第三図】で説明すると［高津宮の大后イワノヒメが、御綱柏を採取された「木ノ国」とは、難波三津之浦（行橋市）から一三キロ程、舟行で周防灘を南下した「現・築上郡の城井川《きいかわ》河口」あたりであろうと思われる。そして、還幸して難波津の沖の難波の大渡り（周防灘）で、吉備へ帰る倉人女（官女）の船と出逢い、天皇の不行状を聞いた大后は嫉妬で激怒のあまりに、御船に満載の御綱柏を投げ棄てて、高津宮に帰らず、難波の堀江より、山代河（今川）を八キロ程さかのぼ

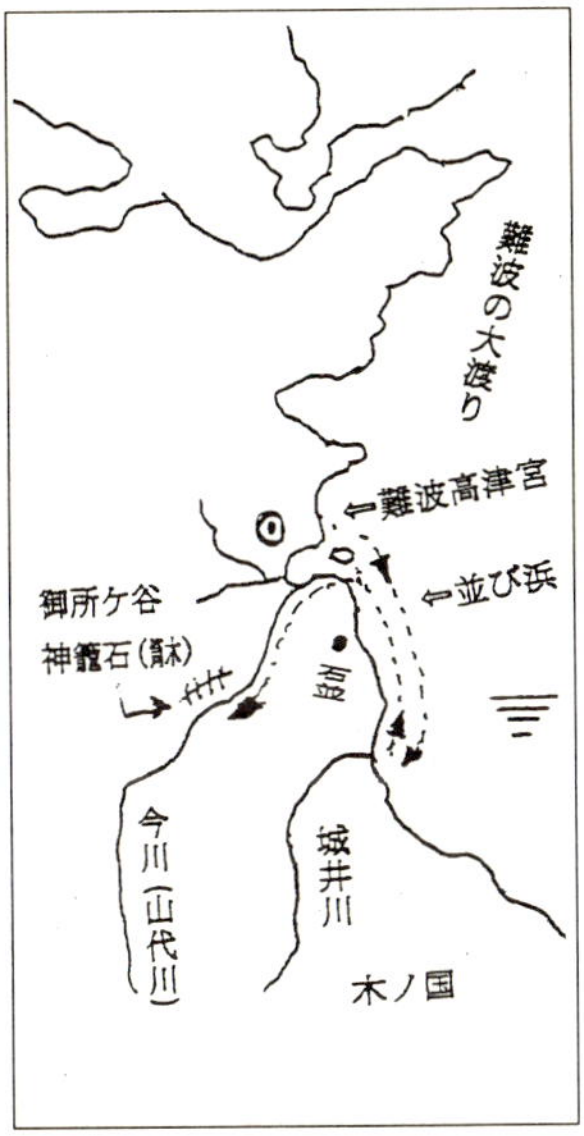

第三図　イワノヒメ幸行経路

り「山代国」の筒木ノ仮宮（御所ガ谷神籠石付近の家を仮宮とされた）に篭られた、と解釈できる。これより、『古事記』の示唆する「木ノ国」と「山代国」という豊前難波周辺国の現実感が意義あるものとなろう。

1　豊前の「木ノ国」とは

大后が御綱柏を採りに「木ノ国」に出でましき、と言う「木ノ国」とは何処を指すのであろうか。第三図では、難波高津宮より海上南下約一三キロの上毛国《かみつけこく》の城井川河口あたりであろうと思われる。（豊前国上毛郡。現、福岡県築上郡）この上毛国が「木ノ国」であるとする私見の考証を述べると、【景行紀十二年九月条に……逆賊あり、一を菟狭の川上に居る鼻垂《はなたり》、二を御木《みけ》川上に居る耳垂《みみたり》と言う】（要約）

この文語は、明らかに古代「菟狭国と御木国」があり、首長の名を卑称している。私見では、この御木国は、仁徳記の言う「木ノ国」であると推定した。通説では、御木を豊前国上毛郡・下毛郡に当て、御木川を現・山国川とする。しかし、別に『豊前地方史』（渡辺晴見編）によれば、御木川は、山国川河口北方僅か三キロに河口を持つ「佐井川説」を採るという現地の地方史論争もある。その佐井川説の「三毛門村史」はいう、「御木《みき》は三毛であり、御膳《みけ》ともいう。三毛門の名の起因は、佐井川の川門《かわと》の義である」と、又、『太宰管内志』には「上毛郡三毛川（御木川）というは、求菩提山より出で三毛門村を経て海に入る也」とある。御木川論争の正否はともかくとして、私見では、景行紀の御木川上《みけかわのえ》を「豊前の木ノ国」に比定できるとする。

そのもう一つの論拠は、同じ景行紀十八年七日、「天皇、筑紫後国の「御木《みけ》」に至りて高田行宮に居す。……倒れた巨木を見て、この国を御木国《みけのくに》と呼ばれた」（景行紀部分）これは、遠征終局の一場面であり、筑紫後国は、筑紫国三毛郡、後の福岡県三池郡として地理感が合う。これより、書紀編者の言う御木《みけ》とは、本来「樹木」を指すと解すると、同じ編者の言う豊前の御木川上の御木《みけ》国も別なる意味ではない。即ち、景行紀の熊襲征伐説話には「豊前と筑後」に「二つの御木国（木の国）」が存在したことになろう。そして、この文より、木＝毛（き＝け）と解され、古代は同意同音異字であった可能性もあり、「御木＝三毛」と転訛したことが知れる。

○『記・紀』の「木ノ国」に対する異字は、注釈史観の違いであろうか、

1　崇神記は、「木国造、名は荒川刀弁の女……」（豊前の木ノ国）（『記』）

2　崇神紀は、「又の妃、紀伊国の荒河戸畔の女……」（畿内の紀伊国）（『書記』）

○『宋史日本国伝』には、「大臣あり、紀ノ武内と号す」とあり、「木」の字は「紀」になっている。
（日本書紀の影響か）

○崇神記の皇子、豊木入日子命は、木ノ国造系の人である。そして「上毛野君（かみつけのきみ）・下毛野君の祖」という。私見の豊前木ノ国（毛ノ国）の後の名は、上下に分けて「上毛（かみつけ）・下毛（しもつけ）」となる。これは、当地の木ノ国造の豊木入日子命が東国経営に踏み出し、東国の「上毛野国・下毛野国」の基礎を築く説話の関連が知れよう。たとえ説話であ

っても全く関連なしと言い切ることはできないであろう。

○「古老曰らく、常陸国筑波県（あがた）は、古え、紀ノ国と謂ひき」の『常陸国風土記』に「紀」の文字を使っているのは、中世の風土記収集学者の注釈と思われるが、もし、そのまま「木ノ国」とすれば、実地が知れず、注釈にならないからである。

○「豊前国、城井庄」の経緯。（私考の「木ノ国」）

「正倉院文書」断簡、大宝二年（七〇二）の戸籍帳に「豊前国仲津郡丁里」とあり、この「丁里」は該当地がないから、「丁」は「木」の字画が欠落した書き誤りである、という説が、当地方史の識者の間で有力である。とすれば、「丁里」は「木里」であり、「キノサト」で、後の「木井（城井）」の古名と考えられる。『和名抄』（九三四）に、仲津郡は「呰見・蒭見・城井・狭度・高屋・中臣・仲津・高家」の八郷がある。

律令制が廃れて各地に荘園が発生すると、「城井郷も城井庄」となった。文字も「城井・木井」などが使われている。又、城井庄内の地名に木井馬場があり、木井神社の『神詞記』によると、「鎌倉御家人、宇都宮信房が平家残党追捕に軍功あり」という。文治元年、信房は、豊前を支配し、始めに城井谷に拠って、城井宇都宮氏とも称した。『豊前宇都宮興亡史』（小川武志著）は、城井宇都宮氏の悲運を切々と伝える。

＊

仁徳記、「大后、イワノヒメ命が、御綱柏を採りに木ノ国にいでましき」を豊前難波説で解釈すると「木ノ国」が、現、福岡県築上郡である蓋然性が高い（前記）。その周防灘（難波の渡り）を南下の途中には、仁徳紀として見落せない歌がある。仁徳紀二十二年条、天皇と皇后の歌の応酬の一つ、天皇、又、歌読みして曰はく、

○「押し照る　難波の崎の　並び浜　並べむとこそ　その子は有りけめ」

この「並び浜」は、現・行橋市大字稲童石並の海岸に面して、石並び古墳があり、石並びの地名がある。この海岸は「並び浜」であろう。（【第三図】）

天皇・皇后共通の認識地と解され、天皇も「並び浜」の沖を通過されたと想像できる。とすると、何処へ行幸されたのか、その『仁徳記』の「政治地図」は語る。（【第四図】）

◎【大雀命（仁徳）は、難波ノ高津宮に坐して天の下治らしめしき。また、秦人をして茨田堤、また茨田三宅を作り、また、丸邇池・依網池を作り、また、難波の堀江を掘りて海に通はし、また、小椅江を掘り、また、墨ノ江の津を定めたまひき】

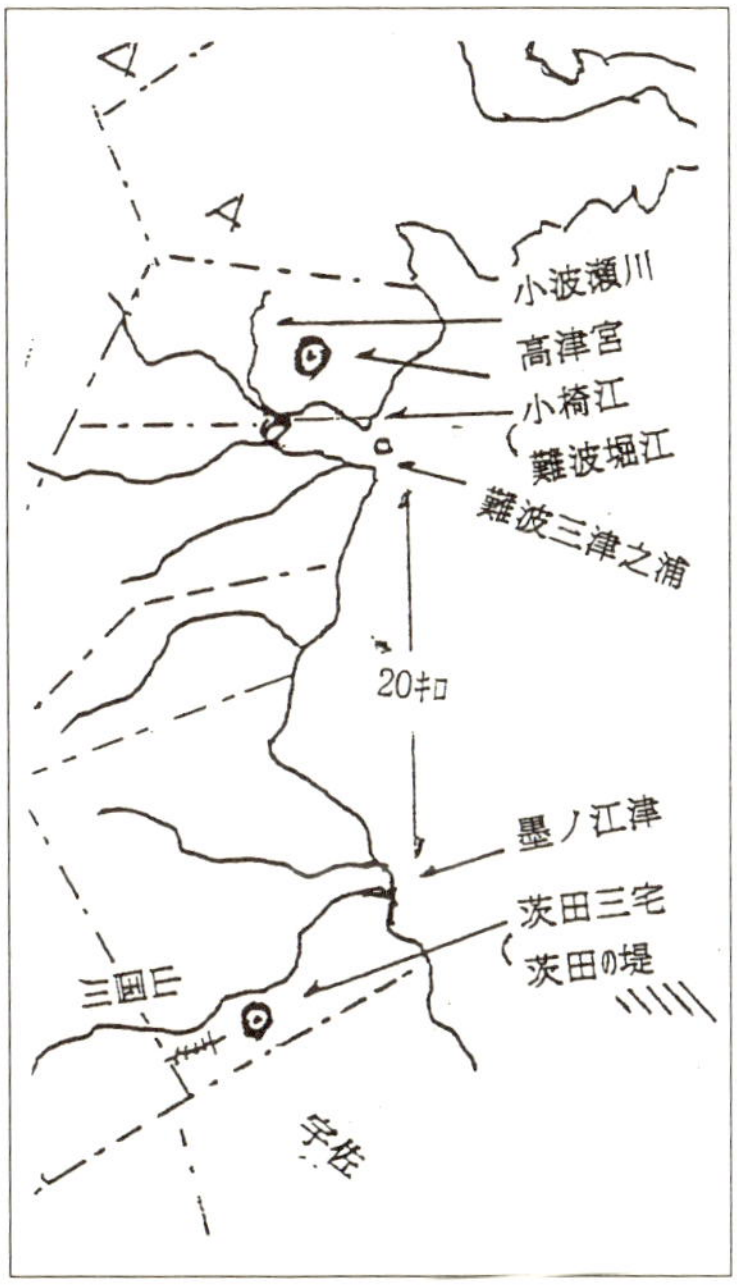

第四図　天皇業績図

［解説］

○難波高津宮——福岡県京都郡苅田《かんだ》町新津《あらつ》付近。

○難波の堀江——難波津の水運を計る堀割。

○小椅江《わばしの》——行橋市北部、長峡川の支流、小波瀬川の河口の湊。

○墨ノ江の津——宇佐市の駅館《やっかん》川河口の現地名「住ノ江」を比定できるか、どうか、仁徳帝が都の難波津の他に「墨ノ江津」を定められた記述から、山国川河口がふさわしい。しかし、現、住ノ江の地名は、約一〇キロ南方だが、山国川の流路の変遷も考えられる。その宇佐沿岸の現、「住ノ江」は室町期文書にも見える。（現地資料、長福寺縁起）

○茨田堤《まむた》——山国川下流平地右岸の中津市万田地区の堤に比定。

○茨田三宅——中津市万田に置かれた政府の行政機関（宇佐平野の支配か）

○秦人——技術者集団、秦氏族をして建設されたとあるのが、渡来秦氏族の本貫地を豊前と見て文献史上適切である。（豊前の大宝戸籍帳断簡）

この政治地図は、仁徳帝が、始めて宇佐平野を王化の地として、豊前倭国の領域の一つに加え、茨田三宅を設置して支配した、行政区域だったのであろう。

これには重要な意味がある。天皇が石之日売皇后を娶して生みましし御子、太子の大江之伊耶本和気命は天の下治らしめられた。（履中帝）次男の墨江之中王《すみのえなかつおう》は御名の通り「墨ノ江の津」に柵封され、茨田三宅に居して南方に対する鎮護とされた。

しかるに、仁徳帝崩御直後、太子の未だ即位なき時、高津宮の新嘗祭の日に、かねての陰謀による反逆を実行し、宴席で太子が深酔いした機を見て、不意に太子を弑し皇位を奪わんとして、火を放ち、隼人軍を以て高津宮を包囲した。太子側近の阿知直《あちのあたい》は、深酔いの太子を横抱えして御馬に載せて、大坂山を越えて倭（旧都、香春町）へ逃げた。その後、三男の水歯別命（反正帝）が命を奉じて難波へ行き、墨江之中王を誅殺した。『古事記』履中記では、次弟、墨江中王の御名は、柵封地点の「墨ノ江津」とし、宇佐平野を弟王国としたのではないか、即ち、「弟国（おとくに）」の語源ではないか。

○「弟国」考（宇佐平野）

『古事記』垂仁記の円野比売命の条には、地名語源説話として「相楽・弟国」がある。「姿いと醜きと、円野比売命《まとのひめ》をもとの国へ返したまひき。比売、恥じて山代国の相楽《さがらか》に至りし時、樹の枝に懸りて死なむとす。其地を号けて懸木《さがりき》と謂うを今、相楽《さがらか》と云う。又、弟国《おとくに》に至りし時、渕に堕ちて死にき。其地を堕国《おちくに》と謂ひしを今、弟国《おとくに》と云うなり」と、地名語源説話として解説している。これは、『日本書紀』垂仁紀にも同様の説話があり、弟国を「乙訓《おとくに》」と当てる。又、敏達紀の冒頭には「群臣を相楽《さがらか》の館に遣わす」という文もある。

本論では『記』の「山代国の相楽」は、後述の「山代国」考の範域であって「現、福岡県築城町の下香楽（しもからく）」が遺称地と想定する（前記）。又、堕国《おちくに》については、弟国《おとくに》と訛まるには無理がある。所詮、説話の洒落か、慣用であろう。やはり、仁徳帝時代、南方の隼人に対する守護として、第二子、墨ノ江中王の弟王国（弟国）を宇佐平野に設置したのではないか。宇佐沿岸に「住ノ江」の地名があり、現、中津市万田は「茨田の三宅」に比定できる。（弟国考の一説とする）

天皇崩後、首都、高津宮の太子に反逆した弟王国の鎮将、墨之江中王は、密かに隼人軍を率いて皇位を狙った。

○［この項のまとめ］この節でいう「木ノ国」とは、難波津を「豊前国京都郡（行橋市域）海岸」とした場合、その南方約二〇キロの「築上郡・宇佐郡」一帯に当てることができる。考元記には「木ノ国造の祖、建内宿禰」の語があり、今まで『古事記』注釈に於て豊前築上郡・下毛郡・宇佐郡を『古事記』の「木ノ国」とした先説は、古今皆無である。

『古事記』は、平安期に発見され、神典として隠匿され、実質、江戸後期の本居宣長により注釈されたが、抽象的な「木ノ国・山代国」について、原文を尊重して残しているところに、後書の大和史『日本書紀』とは位相に差がある。

2　豊前の「山代国」（山城国）とは、

（1）名称と位置について

山城国の国名の経緯は、意外に複雑である。何故か、『古事記』は「山代」。『日本書紀』は「山背」という飾字で一貫した全く不可解な国名記述が正史にあるからだ。

『古事記』の「山代」は、実地は不明で、本居宣長論を尊重しても不可解である。しかし、『日本書紀』の「山背」は、実称と言える。「南面する平城京の後山の北背に当たる国地」の意味である。延暦一三年（七九四）桓武帝の平安遷都の時、「山背を山城」に改めている。（『続日本紀』）従って、奈良時代は「山背国」（京都府）であったことになる。これより「山背・山城」は京都府一帯の古名として定着している。

では、一般論でいう「山城国」とはどのような国を指すのか、文字の通り、その山に毅然たる山城が、誰の眼にも印象的な国地を言うのが自然である。この意味に於て、私見の九州豊前難波津説をもって解説すれば、その近隣、現京都郡平野（難波）に面して「御所ケ谷神籠石」が屹立し、山を巡る光景がある。（現在は、樹木繁茂のため一望できない）それは、前項の【第二図】で示した行政区画の一つの豊前国仲津郡を古代「山城国」と想定すれば適切である。『古事記』解釈では、豊前難波（京都平野一帯）の南隣の山波を山代国（山城国）と想定すると、仁徳記の大后イワノヒメ命幸行説話も、舟行で無理のない距離として、難波高津宮—木ノ国—山代の筒木（筒城）宮に至る。（【第三図】経路参照）

又、開化記の「山代の大筒木真若王」という皇子名が、「山城国の筒城」を示唆している。「ツツキ」は古代朝鮮語で「山城」を意味する。即ち「ツツ」は「トゥトゥ」で丘や田の畦のことであるという、「キ」は城であるから、つまり丘城、畦のように続く筒形城を意味する。太古の遺跡と見られる御所ケ谷神籠石は、古代朝鮮式山城の筒城であろう。

説話とは、古代的狭範囲の舞台に真実感があり、特に古代の地名の字句は、語源説話的な意味も多く、その印象を論拠の一つとするのも有効であろう。豊前説での『古事記』の「山代国」は、地名と説話から妥当性があると考える。

（2）「豊前の山城国（山代国）風土記逸文」の発見

日本古典文学大系（岩波本）には、「山城国風土記逸文」として一五項目が集められている。その中から「豊前山城国の風土記逸文」を抽出しょうと言うのである。まず、その手法として、現存『豊後国風土記』の冒頭の総記は、失われた「豊前国風土記」の総記と共通する同文であることを証明（別稿）したが、ここでは要点をまとめる。

『豊後国風土記』冒頭の国名起源説話（豊前国風土記も同文）―（豊国として）

（イ）昔、大足彦天皇御宇、豊国直等の祖、菟名手に詔して豊国を治めさせたまう。時に、菟名手、中臣村に宿りき、翌朝、白い鳥が飛び来りてこの村に集ひき。この鳥は、見る間に「鳥、餅と化し、」しばらくして又、芋草《いも》数千株と化しき。菟名手は、この天恵を奏上して「豊国の国名と豊国直《あたい》の姓《かばね》」を賜うた。その後、豊国を二つに分けこの国を豊後とした。

解、この文に於て特異な点は「鳥が餅と化す」である。次に、同風土記の、

（ロ）豊後「速見郡、田野の条」にも「田野は郡の南西のかたにあり、昔、郡内の百姓、多く水田を開きしに、糧《かて》に余りて畝にとどめき。大いに奢り、すでに富みて、餅を作りて的《まと》となしき。時に、餅、白き鳥と化して立ちて南に飛び去りき。その年の間に百姓死に絶えて、遂に荒れ

廃てたりき」

（ハ）又、全く別系統の豊後国風土記逸文とされる「餅の的」と題する豊後国球珠郡条にも餅を的（まと）としたところ、白い鳥となって飛び去る話しがある。（大系本）

以上、（イ）（ロ）（ハ）の三例の傍線部分の要点は、「豊後国風土記」共通の「餅と的と鳥」の相互変化で、構成する豊国のある氏族の独自の家伝承である。（秦氏伝承）これをまとめて【餅的化《もちまとか》鳥《ちょう》】（餅の的が鳥と化す）と簡略語（私作）にした。これは、他国にない豊国（豊前・豊後）独自の伝承として、今に豊国地方の口伝・地名に生きている。（別府市の餅ケ浜・的ケ浜など地名あり）

○しかし、全く奇妙なことに、大系本が「近畿の山城国風土記逸文」として、収集された逸文の中にも【餅的化鳥】が二例存在することが知られている。どうして九州豊国の地元伝承が、近畿と見る「山城国風土記逸文」に出現するのか、この不可解な謎を解明した学者は一人もいない。前人未到である。今、その大系本、「山城国風土記逸文（山代・山背の文字はない）」は、十五項目の標題があり、校注者、秋本吉郎氏らの考証に基いて、「官撰風土記」として疑わしいものを「存疑」。それと認め難いものを「参考」。と信憑度に区別を付けている。その「存疑」の中の二例に【餅的化鳥】が次のようにある。

1　鳥部里（存疑）　　　　　　　　　　　　　　（岩波大系本）

山城の国の風土記に曰はく、鳥部というは、秦公伊呂具《はたのきみいろぐ》の的《まと》の餅が鳥と化して飛び去りき所の森を鳥部という。

2　伊奈利社（存疑）　　（岩波大系本）

風土記に曰はく、伊奈利《いなり》というは、秦中家《はたなかつい》の忌寸《いみき》等が遠祖、伊呂具の秦公、稲を積みて富み栄え、すなわち餅を的となしき、その的《まと》白き鳥と化して飛び、山の峰に居り、そこに稲なり生いき。遂に、社《やしろ》の名とす。その子孫、先のあやまちを悔いて社の木を家に植えて祈りき。

この二項目の【餅的化鳥】を含む「存疑」に対して、校注者の秋本氏らは、「和銅官撰風土記」とは違う別種のものであろうと、頭注して異質感を表明しているが、それ以上の踏み込んだ注釈はない。これは、江戸期の編集者、今井似閑が「山城国風土記逸文」として採択したものだが、編集者も校注者も「山城国」とは、「近畿」以外には有り得ないという定説通念に拠っているから、【餅的化鳥】語句の出現に困惑し、違和感を持って「存疑」と信憑度に疑問符を付けられたものと思われる。

勿論、この二例は、失われた「豊前の山城（山代）国風土記逸文」と解するのが妥当であろう。古代豊国地方を本拠とする秦氏族の持つ、素朴で独自な伝承【餅的化鳥】がそれを証明している。正倉院文書断簡豊前国戸籍帳には「秦・勝」氏族名が突出している。

「この項のまとめとして」この章で言う「古代の山城国」とは、近畿の山城（山背）国ではなく、結論的に古代九州豊前難波、高津宮域に隣接する「豊前山城国」のことである。即ち、「御所ケ谷神籠石」の屹立する豊前仲津郡こそ「山城国（山代国）」として、仁徳記、イワノヒメ命説話にも適合する。

その蓋然性を秦氏族の独自の伝承【餅的化鳥】からも「豊前山城国風土記逸文」存在の可能性を証明した。後世、「近畿山背国」への秦氏族の進出は、恐らく、七世紀後半以降であり、豊前・豊後からの遷移として認識すべきではなかろうか。

むすびに

先論の無い『古事記』記述の難波・難波津を「豊前難波」と論証すれば、必然的に『古事記』王朝史は「豊前王朝史」と解釈する妥当性が生起する。本論の「難波論証」は、当然、次の機会には『古事記』豊前王朝史を論証する責を負うことになろう。勿論、『日本書紀』の難波も同様であるが、終巻の天武・持統紀では、豊前難波と摂津難波が混在していて、豊前より摂津への遷移の過渡期を示している。その画期は明確であって、七世紀中期（六六三）の白村江敗戦に於ける九州倭国滅亡による近畿への遷移ととして解釈できる。

しかし、現訳の『記・紀』に於て、『日本書紀』では、説話の舞台が明らかに近畿に擬する文体であるが、『古事記』は、後添文を排除すれば、必ずしも近畿とは言えない文体である。という微妙な差異を不問にする解釈が現状である。この自然であるかのような不問は、「視神経が網膜に入る部分で視覚を生じないところを盲点という」が、正に、これに当たる。通説、積年の盲点を開く、頂門の一針が「豊前の難波津発見」稿（本論）にあった。本論は、この視点に立ち、高所よりその「難波津（王朝の海の玄関）」の奥に屹立する「豊前王朝」を意識しての論考である。本論が前代未聞、奇想天外の異端解釈と言われても、論理の赴くところ、もだし難い何かがある。使命感の鋭鋒に沿って、直線的に思考して述べた。

第二章　「磐井の乱」を考える――六世紀前半の倭国

兼川　晋

一　継体紀の中の「磐井の乱」

磐井の乱は、文部省検定済教科書に次のように記述されている。

「大和政権が発展する過程で畿内や各地の首長の反抗があり、大王家自体もいくどか衰退したと考えられる。しかし六世紀はじめ、新羅とむすんで反抗した筑紫国造磐井《つくしのくにのみやつこいわい》をうちやぶった（磐井の反乱）ことにより、大和政権の政治組織も強固となり、統一国家は完成の段階にいたった」（直木孝次郎監修『日本史B』）

しかし、『日本書紀』（以下『書紀』という）継体紀の「磐井の乱」には疑問が多過ぎる。

磐井はなぜ継体に討たれたか。それについて『書紀』はいう。磐井が新羅から賄賂をもらって、任那復興のための派遣軍を筑紫《ちくし》で阻止したからである。また、磐井が継体をさしおいて諸外国の朝貢船を誘致し、毎年、朝貢を受けていたからである。

しかし、ここでいう任那が伽耶諸国の中で最も早く亡びた金官伽耶をさすものとしても、金官伽耶が新羅に降伏したのは五三二年である。磐井の乱は『書紀』の継体年紀二十二年戊申＝五二八年ということになっている。任那が新羅に、まだ降伏もしていない段階で、任那復興のための軍事派遣などあり得るものであろうか。磐井が新羅から賄賂をもらったかどうかは別にして、あり得もしない海外への軍事派遣を阻止できるか、どうか。

また、外国の朝貢船を誘致して朝貢を受けたというが、いやしくも一国を代表する朝貢使が、毎年、騙されて朝貢の相手を間違えるというようなことがあり得たことか、どうか。

こう考えると、『書紀』が挙げる磐井征討の理由をにわかに信じることはできない。

また、任那派遣軍への支援要請に当たって、磐井が継体の使者に向かって言ったという無礼な言葉も謎めいている。

「今こそ使者であっても、昔は伴として肩を並べ、同じ釜の飯を食った仲ではないか。何で、俄に使者となって、言うことを聞けというのか」

使者と磐井の昔の間柄はどうだったのか。さらには継体と磐井の昔の間柄はどうだったのか。昔から継体と磐井は、大和の天皇と地方の豪族であったのに、だからこの言葉は無礼であるというのが通説である。しかし、もしそうでなかったとしたら、案外、無礼でも何でもなかったのかも知れない。であるのに、通説は、そうであったか、なかったかの検討が何一つなされていない。一方的に無礼と断定する根拠は何であるのか。

さらに、征討軍の大将を任命したときに継体が発した言葉も理解できない。「(磐井を討ったら)、長門より東は朕が統御しよう。筑紫より西はお前が統御せよ」長門と筑紫の間に豊があることは周知の通りである。継体は、その豊を誰に統御させる積もりだったのであろうか。通説は、この大事な記録など一切、無視しているが、豊が継体の直轄領だったとすると話は別である。それを継体が口にしなくても不自然ではない。

ともあれ、両軍は、筑紫の御井郡で対峙することになる。大和と筑後は距離にして七〇〇キロメートルである。官軍は何処を出発し、何処を経由して御井郡に到着したか、途中の進撃経路などは一切示されていない。磐井側が、征討軍に対して一度の抵抗も見せていないのも不思議という他はない。官軍は任那出兵をよそおうて大和から筑紫までくだり、そこから筑後を急襲したのだろうと説明しても、それは憶測に過ぎないだろう。

そして、戦端が開かれるや、官軍の圧勝で、磐井は斬られる。乱の後、磐井の子は継体に糟屋の屯倉《みやけ》を奉る。それで一件落着である。

そんなものなのであろうか。

原因も理不尽。経過も曖昧。結果に至っては屯倉一つで片が付くというような、その程度の事件の鎮圧で、列島の統一国家が完成の段階にいたったといえるのであろうか。

では、磐井の乱の本当の原因は何であったか。真実はどのように経過し、どのような結果をもたらしたのか。この問題に真面目に迫ろうとした先学は何人もいる。

その中に、磐井の乱とは、「筑紫の磐井に大和の男大迹《をおほと》が反抗した」、そして遂に「男大迹は磐井を討ち破った」、このことを指す内乱であるという古田武彦氏の異説がある。また、磐井の乱とは、「筑紫の主家の一族を磐井が弑虐した」、それで時を移さず「豊の分家の男大迹は磐井を斬った」、このことを指すという大芝英雄氏の新説もある。

わたしは、通説も異説も新説も、究極のところ納得できない。どこが、どう納得できないかというと、古田説は余りにも大和の継体を鵜呑みにしていることだ。だから古田説は通説の継体と磐井の立場を逆転しただけに過ぎない。それで磐井が天皇だ、律令の創始者だといっても説得力はない。この時期、磐井が天皇だったのであれば、五一七年丁酉の継体年号の建元者は磐井でなければならないのに、その節は見えてこない。また、大芝説は確証もない筑紫の主家にかかわる弑虐事件を挿入していることが危なげに見える。しかも『書紀』では磐井の乱が先ずあって、その後に辛亥の変が起こっている。それが大芝説では前後逆になっている。これらは要するに、時の倭王が特定されないままに磐井の乱を考えることから生ずる不都合であろう。

それならば、改めて考えてみよう。そのときの倭王とは具体的に誰であったか。時代的に言って、その倭王とは、五〇二年に梁から征東将軍の称号を贈られたとされる倭王武の次の代くらいに相当するはずである。彼は五一七年丁酉に継体年号を創始した。継体年号の創始者を探せば、時の倭王は判るに違いない。

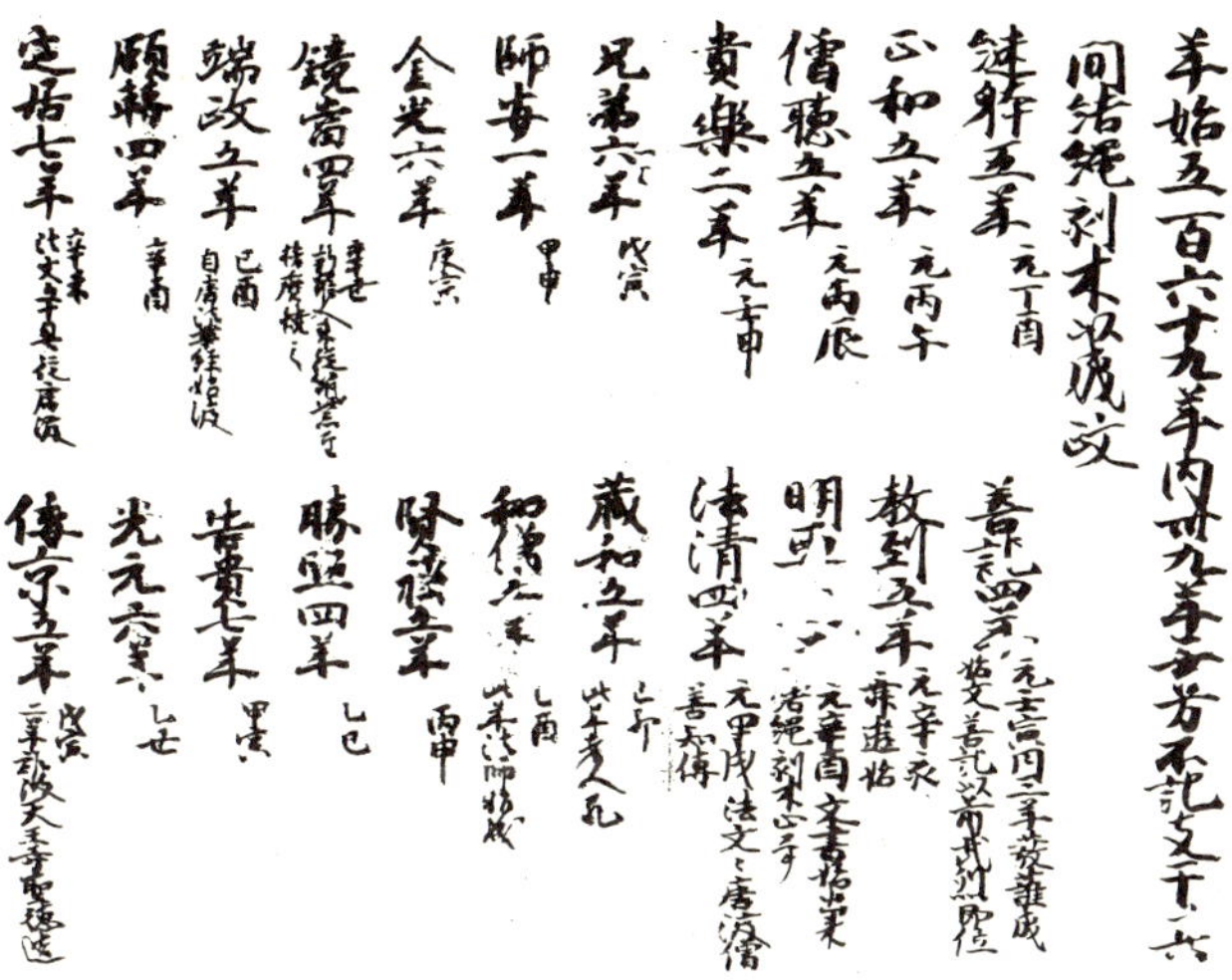
年代歴
年始五百六十九年内卅九年無号不記支干其間
同結縄刻木以成政
継体五年　元丁酉
善記四年　元壬寅
正和五年　元丙午
教到五年　元辛亥
僧聴五年　元丙辰
明要十一年　元辛酉
貴楽二年　元壬申
法清四年　元甲戌
兄弟六年　戊寅
蔵和五年　己卯
師安一年　甲申
和僧五年　乙酉
金光六年　庚寅
賢接五年　丙申
鏡当四年　辛丑
勝照四年　乙巳
端政五年　己酉
告貴七年　甲寅
願転四年　辛酉
光元六年　乙丑
定居七年　辛未
倭京五年　戊寅

『二中歴』第二帖年代歴 1

二　『二中歴《にちゅうれき》』の中の継体

『二中歴』は、十二世紀末の公家貴族に必要な知識を百科辞書風に編修、略説した類書で、同じような類書である『掌中歴《しょうちゅうれき》』『懐中歴《かいちゅうれき》』を基として編集されたので『二中歴』と名付けられたという。この本の撰者および成立年時は明らかでないが、平安末期に成立した類書類を土台として鎌倉初期に編纂され、尊経閣文庫写本は同時代末期に書写された。その後、室町時代にかけて数次にわたり書き継がれたとするのが穏当なところだろう。以上は前田尊経閣文庫から影印本集成三巻として刊行された『二中歴』の解説である。

その第二帖「年代歴」に、継体からはじまって大化にいたる百八十四年間、三一代の年号群

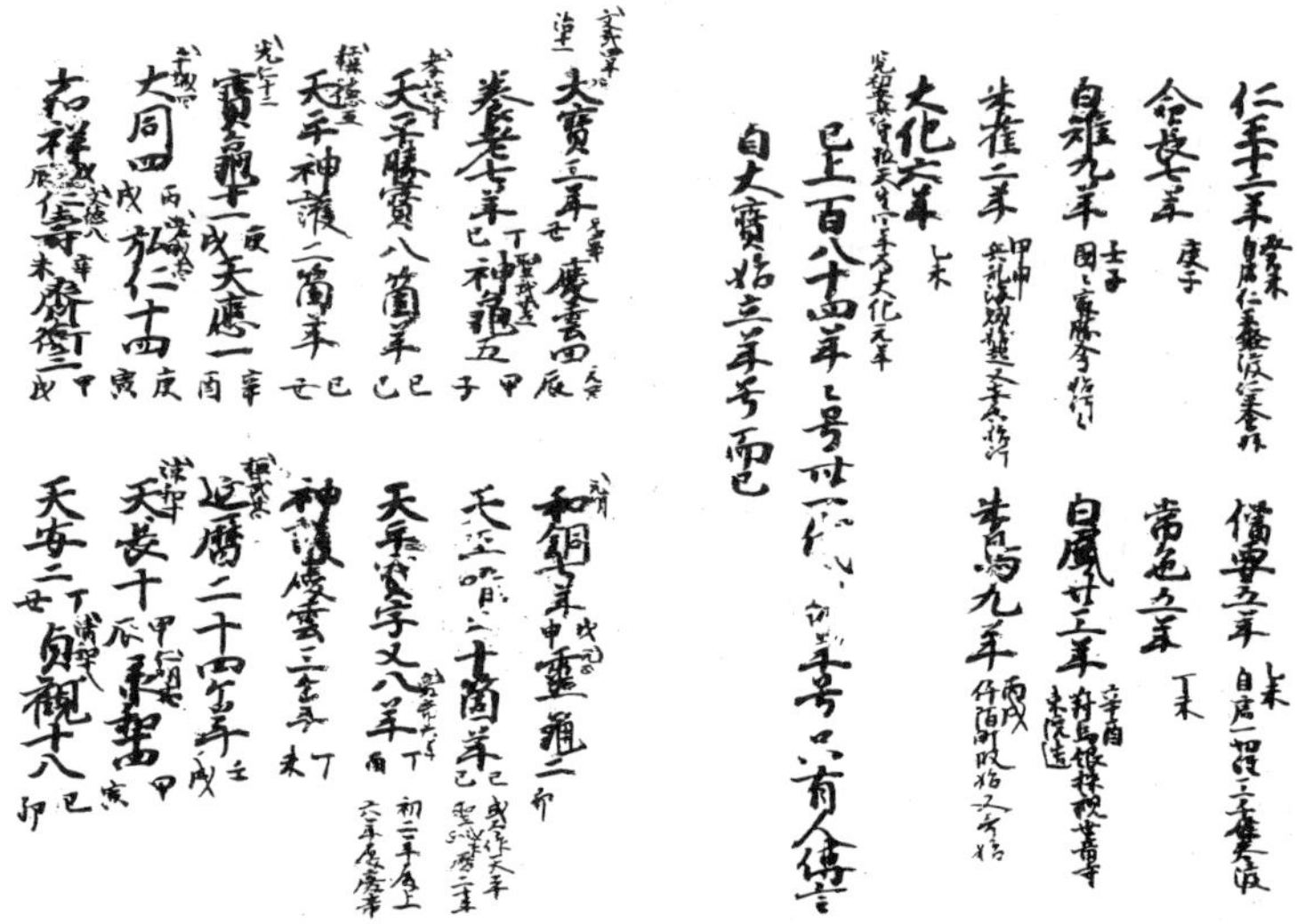

『二中歴』第二帖年代歴２

が記録されている。これと類似した年号群は他にもあるが、『二中歴』年代歴が特異であるのは年号が継体から創始されていることである。創始年号は継体。次が善記になっている。（写真・年代歴1·2）

ところが、申叔舟《しんしゅくしゅう》の『海東諸国紀』は善化が創始年号である。鶴峯戊申《つるみねしげのぶ》の『襲国偽僣考《そのくにぎせんこう》』は善記が創始年号である。だから、これは『二中歴』の方が間違っていると考えた研究者がいた。丸山晋司著『古代逸年号の謎—古写本「九州年号」の原像を求めて—』によれば、これは『書紀』の「継体天皇」の諡号が何らかの過程で年号にまちがわれ混入したもので、だから『二中歴』以後の他の類書には「継体」年号は一切ない、というものである。

わたしは、この丸山氏の判断を支持しない。確かに、天皇の諡号が年号にまちがわれて混

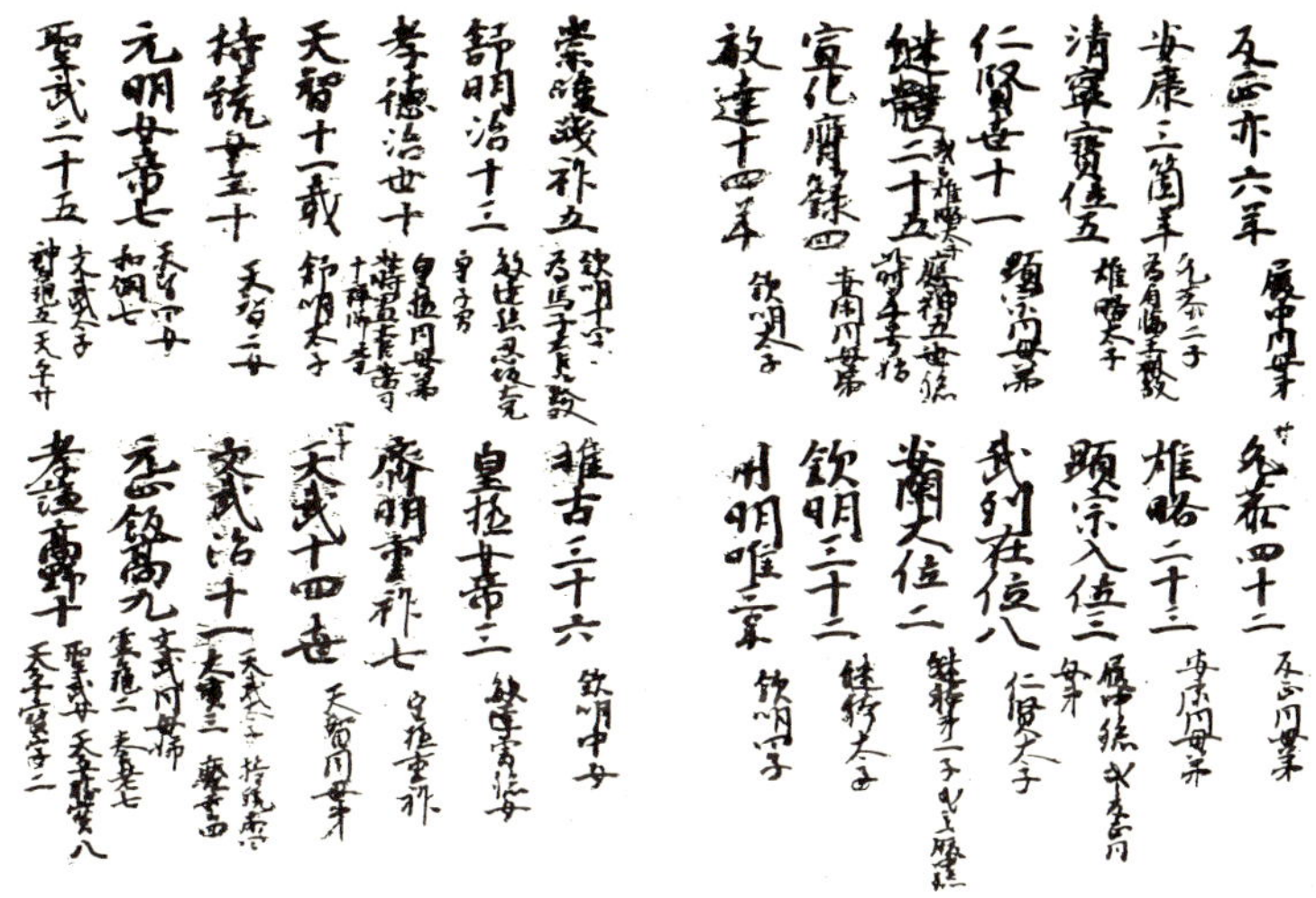

『二中歴』第一帖人代歴

入したという理由は十分考えられる。十分考えられるからこそ、『二中歴』以後の他の類書の編者は、丸山氏と同じように考えて「継体」年号を記録しなかったとも考えられる。他の類書に「継体」年号がないのは、『二中歴』の編者が天皇の諡号をまちがえて混入させたことによるのではない。逆に、他の類書の編者が、『二中歴』こそ諡号をまちがえて年号に混入させていると考えた結果に過ぎない。

その証拠にというほどの証拠にはならないかもしれないが、年代歴の前文に「年始五百六十九年。内卅九年、無号。支干を記せず。其の間、結縄・刻木、以て政を成す」がある。

年が始まって五百六十九年。そのうち卅九年は年号が無かった。ということは、残りの五百三十年には年号があるのだから、継体元年（五一七）丁酉の前、三九年は年号がなかったことになる。その最初の年はさかのぼると四七八年で、それが年始だというのである。『二中歴』が特別に年始とする四七八年戊午を『書紀』で調べてみると、雄略紀二二年に記録されているのは他愛ない浦島太郎の説話である。別に年始と関わる記事とは思えない。

ところが『宋書』でみると、そうはいえなくなる。倭国は、その前年の四七七年にひきつづいて四七八年にも遣使している。四七七年の遣使は倭王興で、四七八年の遣使は武であるから、おそらくこれは武の即位の挨拶であったろう。それまで倭王は、代々、中国の律令下におかれて、使持節《しじせつ》・都督《ととく》・諸軍事・将軍に任ぜられ、王に冊封されていた。この時も武王は鎮東大将軍に任じられている。しかし、武王は、これを最後に南朝の冊封体制から離脱したと考えられる。余りにも情けない宋の順帝の様子を使者から聞いたからだろう。その後、武王の進号記事は斉と梁に二度あるが、二度とも遣使記事はない。武王は四七八年を最後に、朝貢使の派遣をやめたのである。その四七八年を、冊封体制から独立した倭国の年始として数えはじめることには意味がある。しかし、善記を創始年号とすれば、前文の「内三十九年無号」も年始も意味がなくなる。さらに後文に「已上《いじょう》百八十四年、三十一代……」があるが、善記を創始とすれば「已上百七十九年、三十代……」にしなければ計算が合わなくなる。

というわけで、継体ではじまる『二中歴』の一連の年号群は、鶴峯戊申の『襲国偽僭考』がいう九州年号とそっくりだから、これを九州年号の原型と考えてもいいのではないか。すると『二中歴』第一帖人代歴に次の記事がある。（写真・人代歴）

「継体二十五　応神五世孫　此時年号始」

これは「継体は二五年在位、応神五世の孫、この時期に年号を始めた」ということである。自然に読めば、年号を始めたのは継体だろう。これを、年号の始まりは継体の時だが、年号を始めたのは継体以外の誰かであると考える人がいるだろうか。

ところが、その人はいう。年号を始めたのは継体以外の誰かだ。なぜならば、継体は大和政権の主権者だから、大和で九州年号を制定するはずがないと。

しかし、それは、理屈が逆立ちしているというものではあるまいか。継体は二五年在位、応神五世の孫、この時期に継体は九州年号を始めた。すると、継体は、大和ではなく、九州にいたのではなかろうか。こう考えるのが、普通だろう。

九州の継体が九州年号を立てたとすれば、『二中歴』人代暦の記事に問題はなくなる。

しかし、年代暦にある「継体五年元丁酉」はどうなるのだろう。これは「継体は五年まで、元年は丁酉の歳」という意味である。『書記』継体紀の丁酉は十一年であるが、該当する年紀には何の記事もない。なおよく探してみると、果たして継体年号に関連すると考えられる記事をみつけることができた。それが二十四年の条である。

「……継体《ひつぎ》の君に及びて、中興の功を立てむとするときには、曷《いづれ》か嘗《むかし》より賢哲《さか》しき謨謀《はかりごと》に頼らざらむ。……朕帝業承くること、今に二十四年、天下清み泰にして、内外に虞無し」

この文章は、岩波古典文学大系によれば継体の詔として括弧でくくられている。しかし、継体自身が自分のことを「継体の君に及びて」と言うだろうか。古訓には「継体《をほと》の君」とか「継体君《あひうくるきみ》」とあるというが、それとても同じである。自分が自分のことをいうのに「ヒツギノキミに及びて」などと言う言い方はおかしい。第一、継体は、八世紀になってから淡海三船によって撰進された漢風諡号だというではないか。これは「一本」が地の文章として客観的に「継体君に及びて」と書いていたものを、そっくり、継体の詔としていただいたものと考えられる。しかも、「曷か嘗より賢哲しき謨謀に頼らざらむ」とは何を指しているのだろうか。これは「中興の功を立てよう」とするときに当たって、継体が参謀格の賢哲を身辺に置いたのだろうと注はいう。中国において、はじめて「建元」の年号を建てたのは漢の「中興の祖」・武王のときである。継体の参謀は漢の「中興の祖」・武王のひそみに倣って「建元」を具申したことが考えられる。

この継体二四年（五三〇）は、しかし、庚戌であり、『二中歴』の継体元年丁酉（五一七年）ではない。十三年も遅すぎるのである。このズレが、どうして生じたかを説明できれば、この継体の詔は年号の建元と無関係でないことが証明されるだろう。

では、早速、その説明のための準備作業にかかる。

三　画像鏡の中の継体

隅田《すだ》八幡に伝えられる人物画像鏡の銘文の解読で、戦後、もっともユニークな説は古田武彦氏の

説であるが、古田説では銘文を次のように読む。（写真・画像鏡の銘文）

「癸未年八月、日《ひ》十《と》大王年《ねん》・男弟《だんてい》王、意柴沙加宮《いしさかのみや》に在り、時に斯麻《しま》、長泰を念じ、開中費直《かふちのあたひ》・穢《わい》人の今州利の二人等を遣はし、白上同（銅）二百旱を取り、此の竟（鏡）を作らしむ」

従来の解読が日十大王や男弟王を近畿の天皇に当て、斯麻を同じく列島内の誰かに当てて読み、この鏡を国産鏡とみるのに対して、古田説は断然これを九州の王者と百済の武寧王に当てて読み、この鏡は百済でつくられたものだとしたことに意義がある。

しかし、百済製の鏡なら銘文は百済式表記を考慮して読まねばならない。だが、古田説には銘文の固有名詞を百済式表記を考慮して読んだ形跡は見られない。だから、今州利と州利即次将軍を別人と考える。百済の吏読《いど》に、日をヒ、十をト、意をイと訓む読み方があるのか。銘文の日十大王「年」と男弟王を兄弟と考えても、この鏡は誰に贈られたものだろうか。二人の長泰を念じて一つの鏡を作り、それを二人に贈るというのも変な話である。

この古田説に対して、坂田隆氏の日十大王年や男弟王についての解読は、例証をあげて具体的である。坂田説は次の通りである。

①金石文には年次を示す語句とともに国名が記されることがよくある。「敦煌太守裴岑《はいぎんの》紀功碑」（一三七年）に「漢永和二年」、「比邱法生造像記」（五〇三年）に「魏景明四年」の例がある。しかも『百済本記』には「日本の天皇及び太子・皇子」などの記事がある。「日十大王年」の「日」は日本の省略の「日」である。

②金石文では、いくつかの年が列挙される例が少なくない。「新羅皇龍寺九層木塔刹柱本記」に「大王即位七年、大唐貞観十二年、我国仁平五年、戊戌歳」とあるが、これらはすべて同じ年の六三八年である。列挙されている年は同一年だから、つまり、癸未年＝十大王年である。

③十大王年とは大王年でいうと十年ということである。大王の治世十年目に当たる年だ。

④「新羅皇龍寺九層木塔刹柱本記」の「大王即位七年」のところに王の名は出てこないが、前後の文章の中にこの大王が「善徳大王」であることがわかるように書かれている。十大王年の大王の名は、後にでてくる男弟王である。

⑤男弟王はヲオト王である。『書紀』では「男大迹《をおと》」、『筑後国風土記』では「雄大迹《をおと》」。『古事記』だけが「袁本杼《をほど》」だからといって、ヲオト王を継体でないとするのは無理である。

⑥斯麻は武寧王だから、癸未の年は五〇三年である。鏡は斯麻が近畿の継体に贈った。

⑦癸未年＝五〇三年＝継体十年なら、継体元年は四九四年である。『書紀』の継体元年は五〇七年であるから、人物画像鏡から割り出した年次より十三年遅いことになる。

⑧人物画像鏡の銘文によると、五〇三年、継体十年八月に鏡をつくって、百済の武寧王は今州利らを日本に遣わした。『書紀』の継体紀によると、継体十年九月に百済から州利即次将軍らがきている。

⑨『書紀』は継体の磐余《いわれ》への遷都を本文では継体二十年としながら、一本では七年とする注を載せている。その差は見事に十三年だ。人物画像鏡による継体二十年＝癸巳五一三年＝『書紀』

の継体七年である。（坂田隆著『日本の国号』参照）

坂田氏も銘文の男弟王を百済式表記を考慮して読んだとは思えないが、日十大王年に限っていえば、私には坂田説の方が自然に理解できる。

だが、坂田説は肝心の一点を踏み外していた。それは、百済が、いかに相手側を日本と呼ぼうとも、当時、列島の主権者は九州にいたはずなのに、その九州を飛び越えて、百済が通交したのは近畿だ、としていることである。坂田氏は「百済の武寧王は近畿の継体に人物画像鏡を贈った。それ

隅田八幡神社所蔵の人物画像鏡碑銘文の抜き取り写真

癸未年八月日十大王年
男弟王在意柴沙
加宮時斯麻念長
泰遣開中費直
穢人今州利二人等取
白上同二百旱作此竟

が今、紀伊の国の隅田八幡神社にそのまま伝えられている」と考えたのである。なぜ、坂田氏は男弟王＝ヲオト王を近畿天皇家の継体だと判断したのであろうか。男弟王を日本語で読んではならない。そして継体・ヲオホト尊（九州）には更《また》の名・ヒコフト尊（近畿）＝ヲホド王がいることを『書紀』は隠していない。

豊には角田《すだ》川があり、角田《すだ》八幡神社もある。角田と隅田はともにスミダと書いてスダと訓む。近畿の隅田八幡は全国の隅田八幡の総本家であると自負しているが、自負だけなら天皇陵を指定した宮内庁でも持っているだろう。近畿の隅田八幡は、豊の角田八幡から移された可能性は本当にないのか。八幡の発祥は豊ではないか。氏は、このことに疑問を抱いたことはないのだろうか。五世紀の倭の五王や七世紀の俀国の多利思北弧を九州の王者だと考えている坂田氏が六世紀の継体だけを近畿だというのも不思議なことである。

四　解けた十三年の差

いよいよ、継体二十四年が丁酉（五一七年）であることを論証する年表をつくることにする。先ず、中国の史書に現れる倭の五王の年表は次の通りである。

四一三癸丑	讃王	義熙　九（宋）	四六〇庚子		大明　四（宋）
四二一辛酉		永初　二（宋）	四六二壬寅	興王	大明　六（宋）

四二五乙丑　　　元嘉　二（宋）
四三〇庚午　珍王　元嘉　七（宋）
四三八戊寅　　　元嘉一五（宋）
四四二壬午　済王　元嘉二〇（宋）
四五一辛卯　　　元嘉二八（宋）
四七七丁巳　　　昇明　元（宋）
四七八戊午　武王　昇明　二（宋）
四七九己未　　　建元　元（斉）
五〇二壬午　　　天監　元（梁）

これに、人物画像鏡から考えられる男弟王の継体年表を重ねてみると、五〇三年癸未が男弟王の十年であるから、逆算して次のようになる。

画像鏡・継体暦

四九四甲戌　男弟元年
四九五乙亥　二
四九六丙子　三
四九七丁丑　四
四九八戊寅　五
四九九己卯　六
五〇〇庚辰　七
五〇一辛巳　八

五〇二壬午　　九　武王　天監　元（梁）
五〇三癸未　＊一〇　人物画像鏡・今州利

右の年表を見てみると、坂田氏が、男弟王を近畿の継体に当てはめた理由が分かるように思える。この年表では、男弟王の九年まで、九州の武王は存命したことになる。二人の主権者が同時に九州に存在していたという不整合を解決するために、坂田氏は、武王は九州の倭王、男弟王を『書紀』にある近畿の継体だと考え、武寧王はその継体に人物画像鏡を贈ったとせざるを得なかったようである。

しかし、『書紀』の継体をもう少しよく観察すれば、次のことが分かってくる。

継体という天皇は、大伴金村や物部麁鹿火《あらかい》に担ぎ出されるが、元年の二月に即位したとはいうものの、長い間、河内や山背のあたりをうろうろするばかりで、腰を落ち着けて政治にあずかった磐余の玉穂の宮にはいるのは二〇年のこととしている。ということは、その元年、五年、十年とは名ばかりで、そのころはまだ実質的な王とは言い切れないところがあった。男弟王の場合も、その元年から九年までは武王配下の一介の王に過ぎず、武王が九州の実質的な大王であったという状況は十分考えられるし、男弟王は、武王の死後、ようやく名実ともに大王の地位を継承したとする想定は不自然なことではない。ただ、元年を、『書紀』の継体のように早めに数え始めただけである。実質的な大王になったのは十年、癸未の年、武王の死後のことだろう。百済の斯麻（武寧王）は、いち早くその情報を知り、だからこそ、祝儀として「長く泰きを念じた」人物画像鏡を贈ったのである。

あるいは、このケースも考える必要があるかもしれない。武王の五〇二年生存説は、梁の武帝の倭王に対する将軍号授与記事を根拠にしている。梁の武帝は、倭王ばかりか高句麗王や百済王にも同時に将軍号を贈っている。これは自分が斉の皇帝から禅譲を受けた即位記念として諸国の王に将軍号を授与したもので、この時点で倭王・武が生存していた確証はない。百済王にしても同様のことがいえる。通説では五〇二年の百済王は武寧王であるが、この年に武寧王が本当に将軍号の叙綬を受けたかどうかは疑問である。『百済本紀』武寧王二年（五〇二）に受号の記事はない。二一年（五二二）にはある。『梁書』によれば、通説ではすでに故人になっている牟大（東城王）が受号したことが考えられる。つまり、この時の進号は梁の一方的な将軍号の大盤振る舞いだった可能性もある。この場合を考えてみると、倭王・武の没後、五〇三年までは倭王の座は空位だったことになる。男弟王は一介の王として、大臣（おほおみ）や大連（おほむらじ）の動きを見ていたのだろう。そして、とにかく、男弟王は、四九三年癸酉に、角田にある豊の家督を継承し、豊のキミになっていた。その翌年が男弟王元年である。十年癸未には大王になる。画像鏡の銘文によると、意柴沙加宮に居を構えていた。この年、九月に州利即次将軍が来朝するが、銘文には、「癸未の年八月、この鏡を作った」とある。八月に造った鏡を九月に届けたのである。穢人の今州利らを遣わすともある。州利即次将軍は今来の穢人だったのだろう。『書紀』は、この時の百済の遣使を、単に己汶《こもん》割譲の謝礼の使節として記録しているが、それは当然である。それが任那の河内の直を伴い、男弟王を倭の大王として認める祝儀の意味もあったと記録すれば、万世一系の歴史の裏が露見してしまうだろう。

しかし、とにかく、画像鏡の銘文は継体の年紀と符合するのである。

このように考えて、その男弟王の継体年表を一〇年から二八年までつくると次のようになる。下段は『書紀』の年表である。

	画像鏡・継体暦	『書紀』・継体暦
五〇三癸未	◎一〇年州利即次	
五〇四甲申	一一	
五〇五乙酉	◎一二　弟国遷都	
五〇六丙戌	一三	
五〇七丁亥	一四	継体元　即位
五〇八戊子	一五	二　武烈葬
五〇九己丑	*一六	*三　百済遣使
五一〇庚寅	一七	四
五一一辛卯	一八	五　筒城遷都
五一二壬辰	*一九	*六　任那割譲

五一三癸巳	*◎二〇	磐余遷都	*七	伴跛《はへ》抗議
五一四甲午	*◎二一	筑紫征討	*八	伴跛造反
五一五乙未	*◎二二	磐井敗死	*九	物部渡海
五一六丙申	二三		◎一〇	州利即次
五一七丁酉	◎二四	継体宣言	一一	
五一八戊戌	二五		◎一二	弟国遷都
五一九己亥	二六		一三	
五二〇庚子	二七		一四	
五二一辛丑	二八		一五	
五二二壬寅			一六	
五二三癸卯	*		*一七	武寧薨去
五二四甲辰	*		*一八	聖明即位
五二五乙巳			一九	
五二六丙午			◎二〇	磐余遷都
五二七丁未			◎二一	筑紫征討
五二八戊申			◎二二	磐井敗死
五二九己酉	*		*二三	任那王来

五三〇庚戌		◎二四継体宣言
五三一辛亥	●	●二五男大迹死
五三二壬子		二六
五三三癸丑		二七
五三四甲寅		●二八男大迹死

この表から、何がわかるかというと、『書紀』の記録と、「一本」や「ある本」や『百済本記』の記録との関係である。

男大迹を日本の天皇と考える『書紀』の編者の立場からすれば、「ある本」がいう二八年の男大迹の死（●）は、五三一年辛亥にせざるを得ない。また、任那割譲（＊）伴跛造反（＊）武寧王の死（＊）聖明王の即位（＊）などは外国記事であるから、原則として動かさないことにする。しかし、ヲオホトの記事（◎）は、そのまま男弟の記事（◎）として年次を移して考える。（当然、ヲホドの記事もありうる）

これを必要部分だけ表にすると、次のようになる。

『書紀』・継体暦	画像鏡・継体暦　一本	ある本
五一六年丙申◎一〇州利即次→	五〇三年癸未の◎一〇今州利――→	即位
五一八年戊戌◎一二弟国遷都→	五〇五年乙酉の◎一二弟国遷都――→遷都――→	二

五二六年丙午◎二〇磐余遷都→五一三年癸巳の◎二〇磐余遷都——→七——→一〇
五二七年丁未◎二一筑紫征討→五一四年甲午の◎二一筑紫征討——→八——→一一
五二八年戊申◎二二磐井敗死→五一五年乙未の◎二二磐井敗死——→九——→一二
五三〇年庚戌◎二四継体宣言→五一七年丁酉の◎二四継体宣言——→一一——→一四
五三一年辛亥●二五男大迹死＝五三一年辛亥の●三八男大迹死——→二五——→二八

画像鏡・継体暦（大王年）二〇年の磐余遷都は、継体の崩年を二五年とする継体暦（「一本」）のいう七年に当たっている。「ある本」のいう二八年とは、ヲオホトが倭王になった即位翌年を元年とする継体暦で、五〇三＋二八＝五三一年辛亥の男大迹の崩年になる。

さらに、画像鏡・継体暦の二十四年に、「継体宣言」がなされていることは注目に値する。それは、まさに丁酉五一七年で、『二中歴』の継体が建元された年にあたっている。

坂田氏は、せっかく、人物画像鏡による継体年表を考えながら、『書紀』の継体を二人に分けて考えず、男弟王をヲオトと訓み、男大迹王・雄大迹王もヲオトと訓んでそっくり『書紀』の継体に置き換えたため、『二中歴』の継体につないで考えることができなかった。男弟王や今州利や開中費直や意柴沙加は百済側の表記であるから、正確な訓みは先ずわからないとすべきである。とはいえ、男弟王の大王年が、これほど複雑な継体年表の食い違いを説明できるのであれば、隅田八幡神社人物画像鏡の銘文の新しい解読に関する坂田説は、古田説の再考を促すものではないだろうか。

五　「磐井の乱」の真相

『宋書』その他によると、倭国では、五世紀に、讃・珍・済・興・武と王を称する主権者が五代つづいた。最後の武王のとき、倭国は中国の冊封体制から離脱して独立の道を模索し始めた。そのような情勢の中で、四九三年癸酉に、継体＝ヲオホト＝男弟王は豊の家督を継いだ。したがって、画像鏡・継体暦でいえば、翌四九四年甲戌が日元大王年である。

歴代倭王は使持節・都督・六国諸軍事安東大将軍に叙せられているが、別に私（ひそか）かに開府義同三司も自称していたから、都督としての都督府を開いていたと考えて差し支えはあるまい。そして、都督府が近畿にあった形跡はない。日本列島の中では、唯一、福岡県太宰府市に都督府の跡（都府楼跡、唐制都督府も同じ場所）を見るだけである。

武王が冊封体制を離脱したあと、都督府を何と呼ぶようにしたかは不明である。ヲオホトは、この武王の役所で、なにがしかの要職に在ったかも知れない。豊の君の家督を継いだからといって豊に常住しなければならないわけでもあるまい。こうして二年、三年、……十年が経った。十年目の五〇三年癸未には、画像鏡のいう意柴沙加の宮にいたことが考えられる。太宰府市に石坂があるが、ヲシサカのヲは後にゥイに変わるから、石坂は意柴沙加から変化した地名かも知れない。ヲオホトは小郡市の三国に生まれ、画像鏡を贈られたときには都督府に近い石坂の宮にいたことが考えられる。

五〇三年、ヲオホトは倭の大王になった。五〇二年に、武王が存命であったとしたら、その後間もなく亡くなったのだろう。その段階で、すでに武王が存命していなかったとすれば、『書紀』の記載のように継体の即位の前には若干の空位も考えなければならない。空位があって、それから大伴金村の推挙で即位したことになる。いずれにせよ、五〇三年癸未の継体の即位は人物画像鏡から推定したものである。このとき、百済の斯麻は、早速、ヲオホト＝男弟王が日大王の座についたことを祝って人物画像鏡を贈ってきた。

百済がこの時、豊のヲオホト＝男弟王を日大王と呼んで倭大王としなかったのは、倭の武王には後継者がなく、武王の倭国は武の代で絶えたと考えたからである。だから旧都督府のあった筑紫には磐井を後ろ盾とする倭彦天皇がいたが、『百済本記』ではこの天皇も日本の天皇と呼び、この天皇からは任那の割譲などを引き出している。南韓政策に甘かったのが筑紫の天皇で、武断で厳しかったのが豊の大王だったと考えられる。

この前提からして、磐井の乱が、通説や古田説のように「九州対大和の構図」で展開するのだろうか。また、大芝説のように「倭王本家大逆犯の討伐」に発展するのだろうか。

継体の乱に登場する人物は、継体、磐井と葛子、大伴金村、物部麁鹿火、……である。

このうち、継体はすでに大王の座についていた。『書紀』継体紀十二年に「春三月の丙辰の朔甲子に、遷りて弟国に都す」とあるから、画像鏡・継体暦十二年（五〇五年）乙酉以降、継体は意柴沙加の宮を引き払って弟国（豊）に移った。しかし、政務は引き続き筑紫の旧都督府が機能していたと考えられる。霞ヶ関の移転は容易なことではない。

磐井は筑後にいた。磐井につながる系図・古文書は、筑後一宮といわれる高良大社の氏子総代によって現在まで伝承されている。そのご先祖は、高良大社の祭祀を主宰する職であったという。ここでは敢えて名前を出すことを差し控えるが、先年、高良大社の千六百年御神期祭でも、古式に則って御神幸の先導をつとめた方である。磐井は五王の嫡系ではないが、傍系筆頭の家系として、代々、高良大社の祭祀を主宰していた。武王が崩じたとき、その跡目こそ継がなかったが、祭祀主宰者の立場上、武王の墓はつくらねばならなかっただろう。現在、八女にある岩戸山古墳は、磐井が麁鹿火に斬られる前に、すでに完成させていたものである。これを『風土記』は、筑後に磐井のつくった墓ありとして「生平の時、預め此の墓を造る」と記録したのである。自分の墓を造ったとは書かれていない。それを勝手に後代の歴史家が「磐井は自分の墓を、生前、自分でつくった」と解釈しただけである。墓は造ってもらうものである。それを磐井は自分で造った。磐井は反逆者だから、そのくらい変わった人間だったのだろうという先入観が、極く自然にそういう解釈に導いたのだろう。とすれば、岩戸山古墳は武王の墓であると考えられる。もう一つある石人山古墳。石がイワ、人がト、これもイワトヤマ古墳である。同じ名前の墓が二つあったため、誤解・混同を生む伝承になったのだろう。

大伴金村につながる系図・その他は、宇佐八幡宮の創建より三十年も前に建てられたという縁起を持つ行橋市草場の豊日別太神宮の御物殿から、昭和四七年、発見された。それによると、豊日別太神宮は、欽明の命により大伴金村の孫に当たる宗成が祀った。天慶六年（九四三年）の奥書がある社記の写本である。金村の孫は確実に豊にいた。祖父の金村も豊にいたと考えるのは不自然ではない。

物部麁鹿火は金村と同じく大連とされているが、主として軍事・刑罰を担当した連だったのだろう。麁鹿火に関する系図・古文書は現在まで地元で見つかっていないが、鳥越憲三郎の説によれば、物部の本貫は筑豊の遠賀川流域である。（『大いなる邪馬台国』）

以上のように、磐井の乱に登場する人物の輪郭と配置がきまったところで、乱の原因について考えてみよう。乱は継体紀二十二年十一月だから、画像鏡・継体暦二十二年では五一五年乙未ということになる。

①「内は任那に遣《つかは》せる毛野臣《けなのおみ》の軍を遮《さいぎ》りて」というが、その事実はない。ただし、磐井は、継体の南韓政策に協力的な態度はとらなかった。継体は、武王の本来の継承者ではないから、武王の墓はつくらなかっただろう。しかし、あの岩戸山古墳を造るための出費は少なくないはずである。当時、磐井に海外派遣を援助する経済的余裕はなかった。

②「外は海路を邀《た》へて、高麗・百済・新羅・任那等の国の年《としごと》に職貢（みつぎものたてまつ）る船を誘《わかつ》り致し」というが、これは言いがかりである。つい十年ほど前の武王の頃まで、都督府の外港は筑紫の難波で、諸国の職貢船は筑紫に纜をつないだ。継体が豊に都を遷してからは、外

港も豊の難波に移そうとしたが、豊の難波は近畿に向かっては便利でも、大陸・半島に向かっては不便であった。途中に穴門《あなど》（関門海峡）という難関がある。諸国が穴門の急流を避けて、従来通り筑紫に入港したのは諸国の都合である。たとえ継体が職貢を受ける立場にあったとしても、その品は旧都督府で仕分けて、継体宛のものは豊に陸送すればよい。磐井が故意に諸国の職貢船を筑紫に誘り致した事実は考えられない。

③他に、磐井が「陰《ひそか》に叛逆《そむ》くことを謨《はか》りて、猶預《うらもひ》して年を経《ふ》、……恒に間隙《ひま》を伺ふ」とあるが、これは完全な中傷と考えられる。というのは、継体紀にある「今こそ使者たれ、昔は吾が伴として、肩摩り肘触《す》りつつ、共器《おなじけ》にして同食《ものくら》ひき。安《いずくに》ぞ率爾《にはか》に使となりて、儞《い》が前に自伏《したが》はしめむ」という磐井の言葉には『芸文類聚』などからの借り物でない迫力がある。彼らは、わずか十年ほど前までは、武王のもとでほぼ同格だったのである。もちろん、磐井は筑紫の君、強引に押せば倭王も継承できる立場であった。ヲオホトは豊の君、応神五世の孫だから、これも無理をすれば倭王になってなれないこともない。麁鹿火や金村は、倭王の候補としては失格で、氏素性が何よりも優先して考えられる時代であった。しかし、武門の家柄としては豪族中の豪族である。彼らは武王が事あるたびに催す宴席に同席し、肩肘触れ合わせながら、同じ宴の膳のものを口にして語らうこともあっただろう。それが、にわかにヲオホトの使者としてあらわれ、武断の南韓政策に協力しろというのか。磐井が拒否するのも当然である。この時点まで、筑紫と豊は、二朝拮抗して並立していたようなものなのであった。

④交渉は決裂した。磐井の乱の原因はただ一つ。筑紫と豊の南韓政策の食い違いである。継体が自《みず》ら倭彦を叩けばはっきり判るのだが、麁鹿火は磐井を叩いた。仲哀五世の孫といわれる倭彦天皇は叩きにくかったので、その後ろ盾の磐井を討ってスポイルしたのである。

乱の経過は、大伴金村の具申で物部麁鹿火が征討軍を率いることになった。志気を鼓舞するために、継体は、戦後の論功行賞として、将来の統治担当分掌案を提示している。

「天皇、親《みずか》ら斧鉞《まさかり》を操《と》りて大連に授けて曰はく、「長門より東をば朕制《かと》らむ。筑紫より西をば汝制れ。専賞罰《たくめ》を行へ。頻に奏すことに勿煩《なわづら》ひそ」とのたまふ。」継体紀二十一年八月

これは支配領地の分割案ではない。将来の担当分掌案である。長門より東といえば「中、四国・近畿」である。筑紫より西といえば「筑紫・肥」で、任那も含む。西は歴史的に見てもそれだけの価値があるが、今、南韓維持は圧倒的に多くの難問をかかえている。それよりも東の経営の方が継体には魅力的に思えたのだろう。このとき、継体は豊に腰を据えていた。継体は物部が磐井討伐に勝っても負けても、豊を手放す気は毛頭ない。煩わしい問題を武断の麁鹿火に委せようというだけである。東はどうするのか。東の開拓には継体に一つの成算があった。蘇我を取り立ててみよう。蘇我一人では心許ないから皇子（後に欽明になる）もつけて遣る。蘇我は南韓からの入植者を戸籍に登録し、東からの年々の調ぎには明るい見通しがあるはずである。無論、任那支援も課題ではあるが、万一麁鹿火が失敗しても、東に布石した皇子と蘇我は、それを補って余りあるものをもたら

すだろう。

磐井の乱は、何度もいうとおり画像鏡・継体暦二十二年（五一五年）乙未の十一月である。そして五一五年乙未は『書紀』継体紀の九年に該当する。この年、外国との関連記事であるために動かさなかった年紀があった。

「春二月の甲戌の朔丁丑に、……仍りて勅して物部連　名を闕《もら》せり。を副へて、遣罷帰《つかはす》す。『百済本記』に云はく、物部至至連《ちち》といふ。

是の月に、沙都嶋《さとのせま》に到りて、伝に、伴跛《はへ》の人、恨を懐き毒を銜み、強きことを恃みて虐《さかしま》なることを縦にすと聞く。故、物部連、舟師《ふないくさ》五百を率て、直に帯沙江《たさのえ》に詣る」継体紀九年
この年、二月に物部連（名は書いてない）は舟師五百を率いて帯沙に渡っている。伴跛には攻められて勝てなかった。翌年九月に帰国したことになっているが、これは同年の九月ではなかったろうか。同年九月、物部至至が南韓から筑紫に引き揚げたのであれば、十一月、磐井を討った征討軍は元々は伴跛を討つために用意された舟師五百だったということになる。舟一艘に兵十人としても五千の兵である。南韓から帰還した舟師五百が、突如、旧都督府を占拠して、倭彦天皇に南韓政策の転換を要求する。このとき、麁鹿火は、すでに「筑紫より西は汝制れ」の権限を大王からもらっているから強硬姿勢である。倭彦と磐井の連絡は遮断されていた。政策転換を頑なに拒否する磐井との対峙がしばらく続く。しかし、遂に倭彦天皇は政策転換に同意した。麁鹿火は雪崩を打って磐井の陣に攻め込み、憎しみを込めて石人石馬まで破壊し尽くした。

『書紀』は帯沙に渡ったこの物部連の名を闕しているが、「百済本記に云はく、物部至至連といふ」の注は貴重である。至至には「ちち」のフリガナがあるが、「しし」と読めば麁鹿火と結びつく。麁も「しし」である。鹿も「しし」である。しかも「至」を重ねて「しし」と読ませる百済式表記は、麁と鹿を重ねた麁鹿火の日本式表記をもじったものとも考えられる。とすると、麁鹿火はまだ大連ではない。ただの連で、金村だけが大連である。

乱とその結果を『書紀』は次のように書いている。

「二十二年の冬十一月の甲寅の朔《ついたち》甲子に、大将軍物部大連麁鹿火、親ら賊の帥《ひとごのかみ》磐井と、筑紫の御井郡に交戦ふ。旗鼓相望み、埃塵相接げり。機を両つの陣の間に決めて、万死《みをす》つる地を避らず。遂に磐井を斬りて、果たして疆場《さかひ》を定む。十二月に、筑紫君葛子《くずこ》、父のつみに坐《よ》りて誅《つみ》せられむことを恐りて、糟屋屯倉を献りて、死罪贖《あがな》はむことを求《もう》す」

磐井は斬られた。『風土記』は「南山峻嶺の曲《くま》に終わる」とあるが、斬られて、その場で終わったか、斬られて、それが原因で後に終わったか、そんなことは問題ではなかろう。旧都督府のあった太宰府方面から攻められて、磐井はなぜ、南山の方に走ったか、それが問題である。南山は都の南にある豊の山である。逃げるだけなら、肥の方が安全だったろう。わざわざ、継体の豊の都のある南山に近づいたわけは何だったのだろうか。磐井は、自分への追っ手が、麁鹿火らの讒訴によるものだということを知っていたのではあるまいか。継体に直接、自分が会って話せば、誤解は解けるものと信じていたのではあるまいか。

結局、これだけの擾乱が、糟屋の屯倉一つで片づいたということは、逆に継体には磐井抹殺の意志は、それほどなかったのかも知れない。すると、豊の継体にとって筑紫の君は目の上の瘤ていどの存在で、磐井抹殺を心底、意志していたのは物部麁鹿火かも知れない。

継体は磐井に勝って、ここに疆場を定めたというが、どの辺りまでを継体の支配権におさめたと考えられるだろうか。それが、到底、筑後まで及んだとは考えられない。筑紫の糟屋どまりと見るのが妥当であろう。屯倉を差し出させて、かわりに国造に任命する。これが継体から安閑・宣化・欽明朝のやり方だったのである。

六 「磐井の乱」の意味

その後の十六年間に蘇我氏は近畿の経営に刮目の成果をあげたことが考えられる。稲目の父か祖父がクラマチである。『三国史記』百済本紀の「文周《もんす》、乃ち、木劦《もくら》満致、祖彌《そみ》桀取と南に行く」にあるモクラマチ＝クラマチならば、モクラマチは百済の武将・木羅斤資と倭人の間に生まれた韓子だから、蘇我の祖は武内宿禰ではない。『古語拾遺』には蘇我満智もある。これに類似する系譜を提唱した門脇（禎三）説もある。継体は、このクラマチを南韓に派遣して、任那に在住する百済の百姓と倭人を分けて厳密な戸籍を造らせたことがある（『書紀』継体紀三年）。それは磐井の乱の六年前、画像鏡・継体暦の十六年（五〇九年）己丑のことである。稲目が近畿でした仕事もこれと同じような仕事であったろう。画像鏡・継体暦二十四年（五一七年）丁酉、継体は年号を制定して継体元年とした。同二十九年（五二二年）壬寅が善記元年である。『二中歴』の年歴によれば、善記三年（五二四年）甲辰「発護成始文」とある。護は護符である。文は法律である。これは継体が国内の渡来人に護符を発行して戸籍を創り、新しい税法を定めたということであろう。その登録、納税の仕事に稲目は近畿で才能を発揮したのである。稲目は、豊の難波津と河内の難波津の間を何度も往復し、近畿に定着した渡来人を登録するに当たって、地名も人名も創ったのである。だから、近畿の地名は豊の地名と一定の対応を示す。難波津も、三津も、海石榴市《つばいち》（椿市）も、阿斗《あと》も、相楽《さがらか》も、大阪も、奈良も、三輪山も。人名も倭漢、西漢、東漢がある。漢は「あや」と訓むが、これは阿羅からの渡来人であろう。秦は秦韓からの渡来人であろ

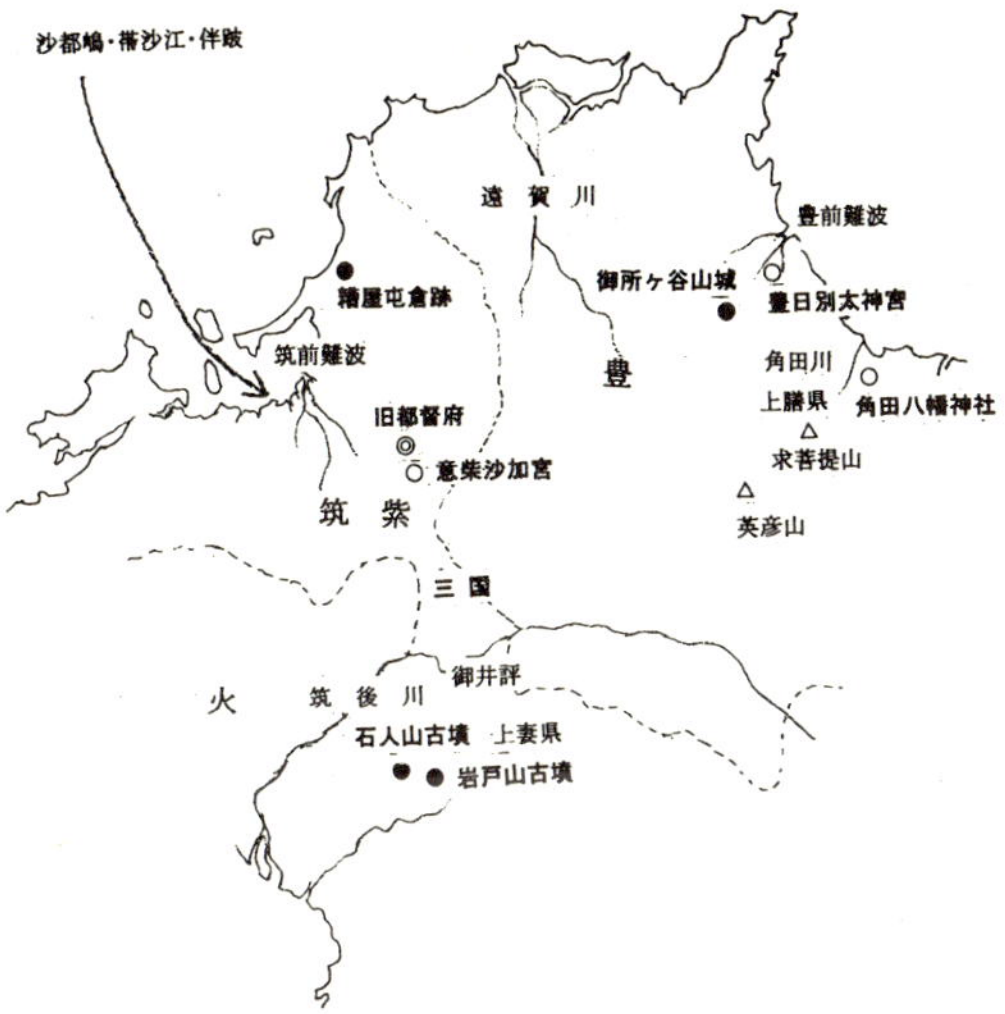

磐井の乱の地図。この地図の豊と筑紫の境界は、豊前大原八幡神社の宮司が作成した豊日別を祀る神社の分布境界によった。

う。磐井の乱の結果、これらの渡来人たちによって近畿の開拓は進んだ。

この時期、南韓では、漢城から南遷した百済が勢力を得てしきりに加羅諸国への進出を図った。新羅もようやく国力を身につけ自国の領域を加羅諸国に広げつつあった。百済も、新羅も、まだ確定した領域国家を形成し終わっていない段階で、拡大膨張に忙しかったのである。麁鹿火の西の政策は、この大勢を押しとめることができず、したがって、併合される南韓の小国の人々は不安な政情を嫌って海外に流出するものが跡を絶たなかった。だから蘇我の東の開拓は順調に進んだ。五三一年、蘇我と組んだ欽明が継体に譲位を迫り、磐井の乱の総仕上げとして倭彦天皇・太子椀子皇子・耳皇子がともに薨ずるという辛亥の変が起こるのは、磐井の乱が治まって十六年の後である。金官伽耶が新羅に降るのはその翌年であった。

「磐井の乱」を『書紀』継体紀の二十二年(五二八年)そのままの時点で見たのでは、六世紀初頭の倭国に何が起こったか、理解することはできない。六世紀初頭に五王の王統は一旦途絶え、この事態の中から誕生した九州政権は確実に筑紫と豊に分裂していた。百済・新羅はこの状況を利用して南韓に自国の勢力を伸ばした。このとき、「磐井の乱」は豊の政権の強化をもたらし、同時に継体系豊の政権の近畿進出のきっかけをつくった。近畿の経営は成功し、十六年後には筑紫の政権を崩壊させるほどになったのである。こうして豊系の政権は歴代重心を近畿に移してゆくが、それがそのまま大和政権につながったというものでもない。蘇我の専横があったり、大和物部との決戦があったり、蘇我の粛正があったり。白村江の戦いはまだまだである。「磐井の乱」が大和政権の政治組織を強固にして、結果として統一国家の完成段階を見るにいたったというのは机上の空論である。

第三章　日本偽銭考──和同開珎の「謎」を考える

添田　馨

一　古銭学事始

日本史上における銭貨の具体物に数多く接すれば接するほど、正史の脈絡によってはとうてい捉えきれない異様な多様性を、それらが示すという事実がある。そして、それら多様な事実性を、ある原理的な意味の流れとして記述する方法観が、少なくとも従来の歴史学のなかにいささかも見出しえないという事実。この二点だけによっても、現在、〈古銭〉を出発点とする不可視の歴史像を探究する思想的な価値はあるものと、私は考える。

古銭学（Numismatics）とは、何を研究対象とする学問なのか。そもそも〈古銭〉とは何なのか。一般にそれは、すでに通用しなくなった古い貨幣のことを指す。貨幣の本質は、もともと異なる使用価値を有する商品間の等価交換機能にあり、それじたいが自立した価値形態をなす物質《マテリアル》であった。しかし、その貨幣が通用した時代が過ぎ去り、もはやそれが無用の長物となってしまった場合、〈古銭〉はいかなる価値物たりえるのだろうか。

答えはひとつ。それは文化的価値物いがいの何物でもあり得ない。古銭学（Numismatics）とは、端的にいえば〈古銭〉そのものが持つ文化的価値を発掘する学問たるべきなのだ。〈古銭〉というものを、それ自体が自立した対象世界として扱うのでなければ、古銭学の成立もまたあり得ない。従って、それは歴史学や文献学のための補助的学問であってはならない。むしろ歴史学や文献学、場合によっては考古学のほうが、古銭学の補助的役割を担うこともあり得るだろう。なぜなら、〈古銭〉こそ実体であり、古銭学こそ「具体の学」に他ならないからである。

つまり古銭学とは、現存する〈古銭〉を総体として文化的価値物の体系と捉え、その形態的特質からそこに隠されたある不可視の秩序を構造化する学である、と定義できよう。

二　〈偽銭〉としての和同開珎

ここで私は、〈偽銭〉という概念を提出しておかなくてはならない。〈偽銭〉とは、正規の通貨を模造したいわゆる「贋銭」ということではない。また、後世になってから実際には存在しなかった過去の銭貨を偽作した「作銭」とも違う。

〈偽銭〉とは、あくまで分節的な表象であって、正史そのものが一種のイデオロギーである限り、個々の古銭は端的に非＝イデオロギー的な物自体《ディンクアンジヒ》である訳で、そこには非＝正史としての実体的な存在証拠を、時として豊富に見いだすことができるのだ。つまりそれは正史とはついになり得なかった歴史的実在物であり、意味論的には「偽作性」としてしか表象されえぬ個物なのである。正統的あるいは主流的な歴史表象の内部に、その定位さるべき位置を持たないがために、現象としては異様なもの、説明の困難なもの、場合によってはインチキ臭いものとしてしか認識の俎上にのぼらすことができないもの——そうした偽作性を身にまとった銭貨が、ここでいう〈偽銭〉である。

日本における〈偽銭〉の最大最高の象徴が、ほかならぬ「和同開珎」であると、私は考える。以下に私は、「和同開珎」が〈偽銭〉たる所以を説明しなければならないだろう。

三　和同開珎をめぐる「常識」と「謎」

私たちは、無意識の内に和同開珎という銭貨をめぐるある根強い「常識」のなかで、この古銭を見てきた。

その「常識」とは、まず第一に和同開珎が古代におけるまぎれもない通貨であり、しかもそれがわが国で作られた最古の鋳造貨幣であるという見方である。もっとも、この度の「富本銭」の大量発掘により、和同開珎が「最古」ではなかった、という見解が流布されはじめているが、先の「常識」の支配強度はそれでもまだ保たれていると言うべきだろう。

第二には、それが唐の通貨「開元通宝」をまねて、和銅元年（七〇八）に時の政権によって鋳造され、公布されるに至ったという「常識」である。

そして第三には、和同開珎が「ワドウカイチン」または「ワドウカイホウ」と読みくだされ、いまだ定説化を見ていない、ということである。つまり「和同開珎」という四文字の読み方は、このふたつの内のいずれかであるという「常識」の在りかを、それは示していよう。

ところで、これらの「常識」の裏には、すでに周知のように、どうしても解き明かせない「謎」が、まるで影のようにまとわりついている。

第一の謎とは、それが本当に日本最古の通貨だとして、なぜそれが「日本書紀」をはじめとする正統的な史書に、その具体名はおろか鋳銭経緯の記録さえ記載されていないのか、という問題である。例えば皇朝銭の「萬年通宝」以下の銭貨については、史書にすべてその制作経緯の記載があり、この点、和同銭の場合と著しい対照をなすのだ。

第二の謎は、これが和銅元年に創鋳されたわが国最古の通貨であるなら、「日本書紀」における和銅年間以前の記述にある銅銭（天武紀）とは、いったい何を指すのかという問題。（「富本銭」の発見は、この謎の解明のためには、おあつらえのものだった。天武紀にある銅銭こそ、この「富本銭」に当たるという解釈が、現在、可能になったからである。だが、その見解ははなはだ疑わしいと言わざるをえない。）

さらに第三の謎は、なぜ同時代の世界にも類例を見ない「和同開珎」という銭文が採用されたのか、という根本的な問題である。倭国をはじめとする蛮夷の諸邦は、当時の世界帝国だった中国歴代王朝の冊封体制下にあり、わが国の場合も唐に対し、遣唐使を往来させるなど朝貢関係にあった。従って、その政治・経済・文化においても中国（唐）を模倣することこそが最も先進的な姿勢であった筈である。そうした中で、なぜわざわざ極端に独自色の強い異様な銭文を用いたのか、まったく不明である。

以上、和同銭をめぐる「常識」と「謎」の概略を述べてきたが、それよりも深刻なのは、このようにそれらが互いに併存しているという否定しようもない事実性なのである。つまり、解決できない「謎」が存在するにもかかわらず、それを敢えて不問に付すことで整合的な古代通貨のイメージが産出され続けている現在の事態こそが、和同開珎を〈偽銭〉たらしめている最大の要因なのだと言ってよい。これは何も和同銭じたいに責任があることではなくて、飽くまでそうしたイメージを擬制的に作りあげようとしているイデオロジスト達の側の責任なのだ。

「古銭のことは、まず古銭そのものに尋け」――これがいわば古銭学の基本である以上、私は、和同開珎から従来の「常識」の陰影を能うかぎり取り去り、自分の眼で確かめたそのなまの姿を手がかりに、まずもって和同銭自身が語るところの情報に自分の耳を傾けたいと思うのである。

四　「和同開珎」という銭文が意味するもの

和同開珎の現物に接する者は誰でも、まずその不思議な銭文に眼を引きつけられる。多少とも東アジアの古代貨幣について見識を有する者なら、それのもつ異様さは即座に納得されるであろう。というのも、中国歴代王朝の通貨史を鳥瞰すれば、隋の時代までの円形方孔貨（丸い中に四角の穴が開いた形状の貨幣）は、いくつかの例外を除いてその表面には必ず貨幣自体の量目が文字として彫り込まれていた。秦の半両銭や、前漢の五銖銭などはそうした通貨としてつとに有名である。しかし、この表量貨幣としての属性は和同銭にはない。

一方、唐以後の貨幣において、その銭文に具体的な年号の記載される形態がむしろ一般的になっていく。むろん、それ以前においても貨幣に年号が彫り込まれた例が皆無だった訳ではない。（成の漢興銭、宋の孝建四銖、北魏の太和五銖・永安五銖など）しかし、そこには量目の記載が年号と並んで明記されていたりして、貨幣史の主流は、いぜんその表量性の側にあったと言えるだろう。

具体的な年号が銭面に彫り込まれるのは、唐の「乾封泉宝」（乾封元年・六六六）をもってその嚆矢となす。これ以後「（年号名）＋通宝・元宝」というおなじみのスタイルが踏襲されていくことになる。（ここで私たちは、唐の最初の貨幣として有名なあの「開元通宝」がこうした記年銭の最初のものではなかったという事実に注目しておきたい。）

ところで、和同銭に関し、「和同」が具体的年号の「和銅」の略記だとする説は、あまりにも恣意的すぎて、なんの根拠もないと私は考える。この年号省画説は、その根拠のひとつを、成の晏平年間の貨幣が「安平一百」と略記されている点に求めているが、貨幣史においては地方的な変則にすぎないこうした事例を、省画の根拠に据えようとする態度には、無理があると同時に、何かそこに別の意図を感じてしまってならない。

さて「和同開珎」が、量目の表示でも年号の記載でもないとすれば、残される可能性は、これを吉祥句と見なす解釈である。例えば北周の通貨「永通万国」(五七九)などは、その典型的なものと言えるが、これは何らかの政策的な意味をもつ標語を、そのまま銭文として採用した例に他ならない。そして、一般に和同銭がその範を取ったとされる唐の「開元通宝」という銭貨が、実はこのタイプのものだったという事実は、もっと重要視されてしかるべきだと思う。

唐には、第六代皇帝・玄宗の即位(七一三)にはじまる「開元」という年号があるので誤解されやすいが、「開元通宝」が発行された六二一年は、年号でいえば「武徳四年」に当たり、決してそれは記年銭ではないのである。「旧唐書 食貨志」に曰く。

「高祖、位に即きて仍ほ隋の五銖銭を用ふ。武徳四年七月、五銖銭を廢し、開元通寶銭を行ふ。径八分、重さ二銖四、十文を積みて重さ一両、一千文にして重さ六斤四両。仍ほ銭鑑を洛・并・幽・益等の州に置き、秦王・齋王に各三鑪を賜ひて銭を鑄しむ(1)」

こうした記述より「開元通宝」銭は、表量貨幣でも記年貨幣でもないにもかかわらず、れっきとした通貨として流通したであろう事実が伺い知れる。このことを裏付けるかのように、「旧唐書」の記述はその銭文について、「其の詞、上を先にし、下を後にし、左を次にし、右を後にして、之を讀む。上より左に及びて、廻環して之を讀むも、その義亦通ず。流俗、之を開通元寶銭と謂ふ」（傍点引用者）と述べている。要するに、上下右左の順で呼んでも、上右下左の順で呼んでもその意味が通じたため、二通りの読みが広く行われたという記録であり、これは記年貨幣には絶対に起こり得ない事態であった。

このように見てくると、「和同開珎」という銭文は、何らかの政策的標語であった可能性が極めて高いと思われる。少なくとも、貨幣史の必然において、そう断じざるを得ない肯定要因が、その否定要因をはるかに凌駕していると私には見えるのである。

五　外在的読解と内在的読解

「和同開珎」の四文字をどう発音するか、という問題は、以前より研究者たちの間で最大の争点のひとつを形成してきた。私たちがよく知っているところでは、「カイホウ」説と「カイチン」説とがあり、前者は「珎」字を「寶」字の省画とみなすもので、また後者はそれを「珍」字の俗字（異体字）とみなす立場である。

実は私は、このいずれの読み方に対しても、かねてより大きな疑問を抱いてきた。

例えば百歩譲って「珎」を「寳」の省画と認めるとしても、元来「寳」の正統的な書字形は「寶」（古銭界ではこれを「岳宝《がくほう》」と呼ぶ）であって、開元銭をはじめなぜこの「寳」が貨幣の銭文に限って広く採用されてきたのか、という先行する疑問が立ちふさがるのである。確かに、後漢の時代に「減筆」という漢字表記の簡略化運動があったのは事実であろう。しかし「寳」を「珎」と略記した事例が、他に一例も発見できないことから、この説は現在、かなり説得力が薄いと言える。

また「珎」を「珍」の俗字だとする論者達には、そもそも何故わざわざ一国の通貨に俗字を使う必要があったのか、というこれまで問われてこなかった疑問に、まず答えて欲しいと思う。この点を等閑に付して、「珎」が「珍」の意味で使用された過去事例をひたすら検索する態度には、何か方法上の大きな倒錯があるように思えてならない。

また「開珎」の意味と、その典拠に関してなされた多くの説明についても、私はこれと同様の疑問を抱いてきた。ここでは、私がこれまでに接した内で、最も妥当性が高いとさえ思われたふたつの説にのみ触れておきたい。

そのひとつ、『和同開珎』(2)のなかで藤井一二は、「法隆寺献物帳」（天平勝宝八年七月八日付）に「先帝玩弄之珎《せんていがんろうのちん》」とあること、また「正倉院文書」のなかに「弈世之伝珎《えきせいのでんちん》」という記述が見えることなどから、「珎」字に独自の意味があることをを認めたうえで、さらに『日本後紀』（八四〇）の隆平永宝銭鋳造の詔勅に「詔曰、周朝撫暦、肇開九府之珎、漢室膺期、爰設三官之貨、（以下略）」（詔して曰く、周朝暦を撫で、肇《はじめ》て九府の珎を開き、漢室期に膺《あた》り、ここに三官の貨を設ける）と見えることから、「開珎」の出典をここに見ようとしている。

もうひとつ、『古貨幣夜話』[3]において利光三津夫は「カイチン」説の側に立ち、その前提を韓国・扶余博物館にある六五四年の石碑銘文に求めている。その碑銘には「穿金以建珎堂、鑿玉以寶塔」（金ヲ穿チ以テ珎堂ヲ建テ、玉ヲ鑿チ以テ宝塔ヲ立ツ）とあり、「珎」と「寶」とが対をなしていることから、それを根拠にこの両字は同意異語であると断じている。さらに、唐代の写経のなかに「金銀珎寶」という一句が見えることから、「珎」と「寶」とは別字だとしたうえで、さらに周到にも別の唐代の文書中に、医師が「診断」するという意味の言葉が「訡候」と表記されている事例から、「尒」イコール「㐱」という解釈を導きだしている。その結果、「開珎」が「開珍」であることは間違いない、と結論している。

上記のいずれもについて、私にはじつに見事な論証だと言うほかはない。文献学的なアプローチ法を取るかぎり、恐らくこれ以上の解釈は成り立たないだろうし、両者の論文はそうした手法が至り着きうる最高レベルの地点を、それぞれ指示しているといっても過言ではないと思う。

だが私はそれらのことをすべて認めたうえで、なお「和同開珎」の読み方とその意味について、何か釈然としないものが残る。ひとくちに言えばそれらの解釈には、様々な迂回路を経巡ることで、かなり無理を強いられているという印象が、拭いがたくつきまとうのだ。そして結果として「和同開珎」という文字そのものの意義についても、どこかスッキリしないちぐはぐさが付きまとうのである。例えば「和同」を「天地和同」（『礼記』）といったような吉祥句とみなし、また「開珎」を先の解釈に従って「珍しい宝」を「開く」ことだと説明されても、どうにも意味の通りが悪いと感じるのは、果たして私だけであろうか。

これらの手法はいずれも、古貨幣の銭文いがいのテキストの内に、それと類似または同形の書法や用法を探し当て、それを自説の証明の根拠になそうとしている点で、互いに共通している。だが、私はこうした外在的読解の手法は、こと古銭に関するかぎり、あくまで二義的な役割をしか果たし得ないのではないかと考える者だ。

古銭のことは古銭に尋け、という大原則をここでも貫くならば、「和同開珎」の四文字はこれをその字義どおりに解読すれば、果たしていかなる着地点に私たちを導くのであろうか。すなわち、私がここで提唱したいのは、研究対象の古銭（銭文）を、古銭以外の諸テキストに還元しないで読み解く「内在的読解」の手法なのだ。

六　「ワドウカイジ」説の提唱と予想される反論について

「開珎」を、それらの文字の成り立ちそのものから読解すれば、それは「開璽」の異体字としてしか読めない。以下にそのことを説明する。

「珎」をヘンとツクリに分解すれば、「王」と「尓」とに部分化されるが、この場合、「王」は実は「玉」つまり「玉」ヘンを意味している。「玉」ヘンは、表記上は「王」と書字されるからだ。

そして「尓」は「なんじ」を意味する「爾」の略体であり、文字の結構として見るなら「弥」は「玉」プラス「爾」という会意文字であることが判るだろう。

ところで漢字の場合、ヘンはしばしばツクリの上下に移動するかたちで表記され（上下表記）、左右表記の場合のその文字とまったく同一の意味を表象する。たとえば「峰」という文字が「峯」と書かれたり、「松」という文字が「枩」と表記されることがあったり、「嶋」という文字が「㠀」や「嶌」に変化したようにである。外見は違ってみえても、実はこれらはすべて同一の文字なのだ。

上記の例にならうならば、「玉」ヘンに「爾」を組み合わせた文字の場合、その表記は「璽」となる以外には考えられない。そして、さらに注目すべきことに、手元の『漢和辞典』（阿部吉雄編）をひもどけば、「璽」の俗字が「玺」であると明確に述べてあるのである。ということは「玺」字は「弥」と同一文字であるということになり、その結果、「弥」は「璽」とおなじ意味のおなじ文字であるという意外な論証が成り立つのだ。

この前提に立つならば、「和同開弥（璽）」の読み方は「ワドウカイジ」となる。

さて、「和同開弥」の読みをこのように変化させた場合、そこに何か新しい意味の脈絡が発生するのだろうか。

「御名御璽《ぎょめいぎょじ》」という言葉が指示するように、「璽《じ》」という文字は元来「天子の印章」を表すものだった。だから「開弥《かいじ》（璽）」と読むことにより、そこには天子みずからが印章を「開く」（新たに始める）という、まったく別の意味が現れてくるのである。

ならば、今度はその語句の前にある「和同」二文字の字義についても、新たなる検討が加えられなければならないだろう。

「和同開珎」が最初に制作されたと推定される七世紀において、盛んに読まれたと思われる書物のひとつに『尚書（書経）』があるが、その中には次のような記述がある。

「石《こく》を關《かん》し鈞《きん》を和《わ》し、王府《おうふ》則《すなわ》ち有《たも》つ」
（五子之歌）

この文意は「関税に用いる『石』や『鈞』という目方を天下一様にし、公平にすれば、王の倉（府）は不足することがない」という教えであり、この場合「和」とは「単位を同じくする」という意味内容で使われ、従来とはまったく異なる新たな解釈をそこに発生させることになるのだ。

「和同」という語句内容を、このように経済的な計量単位を同じくするという理解に立って考えれば、「和同開珎」全体の釈義はどうなるか。

「和同開珎（璽）」の四文字は、「天子が関税にかかわる計量単位を天下一様おなじに統一し、そのことを自らの印章を開く（示す）ことによって新たに天下に知らしめる」という政治的標語として、これを理解することが可能になるのである。

従来の諸説を一八〇度転換するような、こうした新規の読み替えについては、やはりさまざまな反論が予想される。その中で、ひとつだけ私がここで注記しておきたい問題がある。それは「珎」字が「珍」の俗字であるという、文献学的にも信頼性の高いもう一方の根拠について、何ら反証が示されていないではないか、というものだ。確かに「珎」が「珍」の俗字であるとは、宋代の『集韻』にも清代の『康熙字典』にもそのような記載があるのは、私も承知している。また、先の藤井氏や利光氏の所論に引かれていたように、七～八世紀において「珍」が「珎」と表記される例が確かに存在したのも事実だろう。

こうした疑義について、私は、文字の構成として「珎」は「璽」の俗字であると同時に「珍」の俗字でもあったという紛れもない二重性の事実を、ことのほか重要視したいと考えている。つまり「珎」はもともとそうした二重性の文字として存在したのだ。そして「和同開珎」にこの文字が採用された経緯を忖度するに、私にはそれが偶然そうなったとは決して思えないのである。

七　背景的な考察

古代エジプトに聖刻文字（ヒエログリフ）と大衆文字（デモティック）が存在したことはよく知られているが、これと相同的な事態がわが国でも起こったと想像することはできないだろうか。「璽」とは「天子の印章」を表す文字であり、ひいては「天子」そのものを象徴する字でもあった訳で、万民の手垢に染まる通貨にこの文字をそのまま使用することは、さすがに忌避されたのではないか。従って、それに代わる俗字の「珎」が使用されたことは充分に考えられるし、またそれが「珍」の異体字でもあったことは貨幣としての性格上、かえって好都合でもあった筈である。

しかし、物事はそれほど単純にはいかない。というのも、当時の世界において「天子」を名乗れるのは、中国統一王朝の皇帝ただ一人の筈だったではないか。それなのに、東夷の諸邦のひとつに過ぎなかったわが国の通貨に、大胆にも「天子の印章」を指す「璽」の文字を使用するとは、一体そこに誰の、どのような意志が働いた結果なのだろう。

このことは、「和同開珎」を最初に制作したのは果たして誰だったのか、という歴史学上の大問題へと私を否応なく導いていく。

一個の古銭から始まって、日本の歴史像の根幹に抵触するような重要課題にまで議論が広がるであろうことは、ある程度は予測がついていた。その本格的は論及については次の機会に譲りたいと思うが、ここで今後の議論展開においてポイントになるであろう箇所について、ちょっとだけ触れておきたい。

「日出ずる処の天子、書を日没する処の天子に致す、恙《つつが》なきや、云々」――これは有名な『隋書』倭国伝の一節だが、この文面は、七世紀当時、「倭国」に自らを「天子」と呼ぶ権力者が存在したという事実を披瀝して余りある。『隋書』はその名を「多利思北孤」(タリシホコ)とのみ記録しているが、近畿天皇家の歴代の王に、これに該当する姓名の者はいない。とすれば、「和同開珎」は少なくともその創鋳当初においては、近畿天皇家の手による制作物ではなかったのではないか、という想像を私にもたらす。

だが、先を急ぐまい。本論考の冒頭に示した方法原理にのっとり、私はさらに謎の古銭「和同開珎」が語る微細な情報に、もっともっと耳を傾けなければならないだろう。結論はそれからでも決して遅くはない筈だ。探究は、いま始まったばかりなのだから。

【註】

（1）『旧唐書　食貨誌』加藤繁訳註（岩波文庫）
（2）『和同開珎』藤井一二著（中公新書）
（3）『古貨幣夜話』利光三津夫（慶應通信）

第四章　倭国易姓革命論

福永　晋三

はじめに

壬申年之乱平定以後歌二首

四二六〇　皇者《おほきみは》　神尓之座者《かみにしませば》　赤駒之《あかごまの》　腹婆布田為乎《はらばふたゐを》　京師跡奈之都《みやことなしつ》

（皇《おほきみ》は神にし坐《ま》せば赤駒の匍匐《はらば》ふ田居《たゐ》を京師《みやこ》となしつ）

右一首、大将軍贈右大臣大伴卿作

四二六一　大王者《おほきみは》　神尓之座者《かみにしませば》　水鳥乃《みずとりの》　須太久水奴麻乎《すだくみぬまを》　皇都常成通《みやことなしつ》　作者未詳

（大王《おほきみ》は神にし坐《ま》せば水鳥の多集《すだ》く水沼《みぬま》を皇都《みやこ》となしつ）

右件二首、天平勝寶四年二月二日聞之、即載於茲也。

（歌は『万葉集』鶴久・森山隆　編　桜風社による）

右の万葉歌の解明に努めたことが、倭国易姓革命論の出発点だった。

歌中の「水奴麻」の一語にこだわりぬいて、筑後国三潴（みぬま）郡に「水沼の皇都」を比定するに至った。ここから、次のような数々のテーマを提起した。[1]

①　万葉集の題詞は、偽作性が強い。したがって、より古いと思われる詠歌については、その時代も場所も歌い手も歴史的背景も疑ってかからねば、その解釈は危うい。

②　万葉集は、『古今和歌集』真名序によれば、近畿天皇家とは別の「平城の天子」の勅（ちょく）の下に編纂された「倭（国の）歌集」が原型である可能性が高い。私はこれに「天子万葉集」の称をつけた。日出づる処の天子（六〇〇年頃）の勅を下限と考えている。

③　現存する万葉集は、何次かの編纂を経て、宇多天皇（八八七～八九七）の時代に、菅原道真が綜緝（そうしゅう）したとする、山口博氏の『万葉集形成の謎』に著された見解を支持する。

④　『日本書紀』が倭国（九州王朝）の史書を盗用したとする古田武彦氏の説を支持すると同時に、私は、万葉集もまた倭国から盗用もしくは改竄された倭歌集とする。菅原道真もその間の事情を知悉していたようで、歌の左注（特に今案注）に努めて『日本紀』を当てようとした痕跡が窺える。

これらのテーマから、右歌の題詞は否定され、オホキミは天武天皇を指さずに、神功《じんぐう》皇后を指し始め、「水沼の皇都」は藤原京などではなく、クリーク（排水用の溝）で有名な佐賀平野の対岸、福岡県久留米市の大善寺玉垂宮（だいぜんじたまたれぐう）や高良（こうら）大社などを指し始めたのである。

右のように、万葉集の歌と左注に露呈した古代史の真実を拾い、同様に、古事記・日本書紀とその歌謡に露呈した倭国の歴史を拾っていくうちに、一元史観とも多元史観とも異なる古代史像を構築することになった。本稿はそのダイジェスト版であり、すべてがこれから検証してゆく仮説群であることをお断りしておく。

先ず、倭国最後の革命から論じよう。

一　壬申の乱の本質

天武・持統天皇の和名に重要な鍵があった。

天武天皇　天渟中原瀛真人天皇《あまのぬなはらおきのまひとのすめらみこと》

「瀛《おき》」字が注意を引く。まず、宗像大社の沖津宮（沖ノ島）の古い表記に「瀛《おき》」字が使われている。そして、天武の后の一人が、胸形君徳善の女尼子娘、高市皇子の母である。素直に見るなら、天武は九州の出自である。眼を転じて、中国の史料を見ると、『史記』に出てくる海中の三神山が、蓬莱、方丈、瀛《エイ》洲とある。秦の始皇帝、本名は嬴《えい》政である。サンズイの有無の違いだけだ。『隋書』俀国伝に都の東方に秦王国があると云う。推定豊前・豊後辺りである。この地の秦（はた）氏の存在も気がかりだ。もっと気がかりなのは、天武の頃までは、宗像も豊国の範疇にあった可能性があることだ。最も気がかりが、大海人《おほあま》の名であろう。海岸部か島の出自を思わせる。現在の奈良県や滋賀県の出ではない。

持統天皇　高天原広野姫《たかまのはらひろのひめ》天皇

この高天原広野の地が、現代の福岡県北九州市小倉南区、平尾台にあるという（平松幸一氏の指摘）。すると持統の出自も九州ではないか。その持統紀に次の記録がある。

天渟中原瀛真人天皇《あまのぬなはらおきのまひとのすめらみこと》の元年の夏六月に、天渟中原瀛真人天皇に従ひて、難を東国に避けたまふ。旅《いくさ》に鞠《つ》げ衆《もろひと》を会《つど》へて、遂に与に謀を定む。廼ち分ちて敢死者《たけきひと》数万に命じて、諸の要害の地に置く。

秋七月に、美濃の軍将等と大倭の傑豪と、共に大友皇子を誅して、首を伝へて不破宮に詣づ。

明らかに、壬申の乱のことが書かれている。しかも、天武紀になかった記述だ。「難を東国に避けたまふ」とは、九州に起きた難、すなわち白村江戦に敗れた結果起きる難、唐・新羅連合軍の九州上陸後の政治的混乱を恐れて、九州にとっての東国、すなわち近江朝（あるいは日本国）の簒奪を目指して、四国阿波の吉野川河口[2]に大軍を移動させたことを指すのではないか。

「旅」団「数万」は尋常の軍ではない。一六〇〇年の関が原の合戦の時でさえ、一方の軍勢が十万いくかいかないかであったことを思えば、七世紀の天武勢がいかに驚異的な軍勢であったかが知れよう。とても美濃・尾張の通念の「東国」の兵だけを指すとは思われない。通念の壬申の乱の舞台はあまりに狭すぎた。大体、『隋書』俀国伝における「東西五月行」の領域から、どうして急激に縮まるのか。中国の正史に照らしてもおかしい。

「美濃の軍将等」が、美濃・尾張の軍を指すなら、「大倭の傑豪」とはいかなる軍団を指すのか。先の問題と合わせると、こちらこそが、主力軍のはずだ。そして、何処からきた軍団なのか。平田博義氏から回答があった。天武崩御に際して、殯宮で誄（しのびごとたてまつ）った人々ではないかと。「シノビコトは死者を慕って、その霊に向って述べることば。殯宮における主要な儀礼の一つであった。」と日本古典文学大系の日本書紀第二十の頭注にある。「大倭の傑豪」らしき人々を列挙しよう。大海宿禰菖《あら》蒲（九州）、県犬養宿禰大伴（出雲）、河内王（筑紫）、当麻真人国見（但馬?）、采女朝臣竺羅（筑紫物部）、紀朝臣真人（九州）、布勢朝臣御主人（九州?）、石上朝臣麻呂（筑紫物部）、大三輪朝臣高市麻呂（長門?）、大伴宿禰安麻呂（九州）、藤原朝臣大嶋（九州）、阿倍久努朝臣麻呂（九州?）、紀朝臣弓張（九州）、穂積朝臣蟲麻呂（筑紫物部）。（ ）内の出自は福永の推測、原案は平田氏。

最も明らかなことは、彼等が「美濃の軍将等」では決してないことである。これほど簡単明瞭な事実が看過されていた。この簡明な事実が古代史に名高い壬申の乱の本質を語り始めた。いや、本来、既に語られていたのである。

《倭国（九州王朝）の正規軍と思われる大軍団が、白村江敗戦後の倭国の起死回生を図って、東国の近江朝を簒奪した》。これは、『新唐書』の一節、「日本は乃ち小国、倭の為に并せらる」という記述とあるいは一致するのではないか。
皇太弟大海人（おほあま）皇子（天武天皇）は、九州から「大倭の傑豪」を率いてきたのだから、すなわち「大倭王」の格で近江朝を簒奪したのである。乱後、飛鳥に都を置いたからこそ、この地が「大倭」と呼ばれたことは、想像に難くない。後世、「大和」と表記され、「ヤマト」と呼ばれたのは、周知の事実であろう。
《壬申の乱の本質は、「天武の東征」であり、「大倭の東遷」である。》
こうして、東国に成立した大倭国が日本国と改称し、衰弱した倭国本国（九州王朝）をも併合し終えて、日本をヤマトとよませることになったと考えられる。この「日本王朝《ヤマト》」が最終的に編纂あるいは改竄したのが『日本紀』、後の『日本書紀《ヤマトフミ》』であるなら、倭国本国（九州王朝）の歴史を取り込み、日本国すなわち「東の大倭国」が悠久の昔から万世一系の王朝であったかのように繕うことは容易であったと思われる。
ところが、壬申の乱の本質を見抜けなかった歴史学は、一元史観であれ、多元史観であれ、結局『日本書紀』のイデオロギーから完全には脱することができず、邪馬台国論争や大和王朝の成立などについて、また、九州王朝筑紫一元論なども、それぞれの史観の中で堂堂巡りをせざるを得なかったようだ。
《日本《やまと》王朝の成立を六七二年とし、日本王朝の統一（倭国本国併合）を七〇一年とする。》
本稿は、「天武の東征」「大倭の東遷」という観点から、それ以前の九州島に都を置いた倭国（あるいは倭国本国）の歴史を多元的に追究しようと試みるものでもある。

二　出雲王朝の多元的成立

わが国の始原の王朝は、出雲王朝と考えて大過なかろう。大国主が「国譲り」するまで続いたとされる王朝だが、その草創と果たして一系だったかについては、記紀からは読み取りにくい。その理由は、出雲王朝が天孫降臨という革命によって滅びた王朝であり、記紀の歴史が革命側の王朝によって綴られたためであることによると考えている。

一系であるか否かはかなりのところ明らかだ。出雲の起こりは、古事記によれば次の速須佐之男命の歌に象徴される。

八雲立つ　出雲八重垣　妻隠《つまご》みに　八重垣作る　その八重垣を

八俣の大蛇族を退治して、速須佐之男命の革命王朝が成ったと解釈すべきだろう。ところが、古事記では大蛇族退治の前にすでに出雲の国の名が出現している。また、古事記序文には、「百の王相続き、剣を喫《か》み蛇《おろち》を切りたまひて」という一節があり、その前後も含めて順序が本文とは逆転しているが、序文が万一正しい場合、速須佐之男命以前に「百の王」が相続いていたことを示そう。これは、『漢書』「地理志」に云う「楽浪海中、倭人有り。分かれて百余国を為す。」を意識し、空間的配列をあるいは時間的配列に置き換えたとも考えられるのである。さらに、出雲国風土記においては、「出雲と号《なづ》くる所以《ゆゑ》は、八束水臣津野命《やつかみずおみつののみこと》、詔《の》りたまひしく、『八雲立つ』と詔りたまひき。故《かれ》、八雲立つ出雲といふ。」とある。出雲の由来が、別人の同じ歌にあるような筆法である。あるいは、風土記の拠った原典は、記紀のそれとは立場を異にするらしい。いずれにせよ、速須佐之男命の前に前王朝があったと考えざるを得ない。

大国主神（大穴牟遅神）の説話も出雲王朝の革命譚に他ならない。兄弟八十神と争って即位した。神話にいう兄弟は、真実の兄弟ではないとする見解[3]がある。記紀の系譜は怪しい。そうであれば、血が異なるのだから、ここにも易姓革命があったと言わざるを得ない。

国名も明らかだ。「大国」である。古事記にいう「大八洲」も同義であろう。こう考えたときに、万葉集に多い定型句「八隅知之《やすみしし》　我大王《わがおほきみ》」の意味が解明された。「大八洲をお治めになるわが大の王」の意であり、この王朝に由来することが知れたのである。[4]「大《おほ》」が固有名詞であれば、この王家の姓はオホ氏と思われる（後述）。

ここで、一旦、出雲王朝史を簡明化しておこう。速須佐之男以前を出雲第一王朝とするなら、速須佐之男の系譜は第二王朝、大国主神の系譜は第三王朝となる。

右の考え方に符合するような研究成果がある。二〇〇一年秋に東京国立科学博物館で「日本人はるかな旅展」が催された。その中に、まず縄文人一色に塗られた日本列島地図があり、弥生時代に移ると、中国・朝鮮からの渡来人が縄文人を列島の南北（南九州・琉球と東北・北海道）に追い遣るような図になる。別の所に、その詳細図のような「九州・山口地域の弥生人骨の発見地」があり、山口県西部と福岡県を円で囲んだような地域（北部九州）の人骨に「渡来系弥生人」、佐賀平野より西の一円すなわち旧肥前の国（西北九州）の人骨に「在来系弥生人」との名称が付されている。つまり、「弥生時代の中国・朝鮮からの渡来人」には「在来系弥生人」「渡来系弥生人」の最小二波の渡来があったということになる。これらから出雲王朝史を見ると、およそ次のようなことが言えないだろうか。

① 縄文時代末期に「縄文人」の出雲第一王朝が成立した。『論衡』に記された「周の成王（紀元前一〇〇〇年頃）のとき、鬯草を献上した倭人」の国と想像される。周に倣って封建制を敷いた可能性を考えている。それが神無月伝承に残されていると私は考える。

② 弥生時代に「在来系弥生人」とされる第一波の渡来があった。新羅から来たとされる速須佐之男の第二王朝が成立したと見てよいだろう。紀元前七七〇年、中国では西周が滅ぶ。その余波を受けて、東夷の国にも王権の交替が起きたのではないかと見ている。

③ 第二波の北部九州に来た「渡来系弥生人」による第三王朝、大国が成立した。大国主神には出雲の西方から東侵した痕跡が窺える。渡来系弥生人に似た人骨を探しているのが、山口県の土井ヶ浜人類学ミュージアムの松下孝幸氏らである。黄河下流域の山東省の臨淄から、漢代の墓が見つかっており、埋められていた人々の骨格は、土井ヶ浜遺跡の弥生人とそっくりという。『史記』に「斉人徐市（福）蓬莱・方丈・瀛州三神仙の僊人をもとめ、童男女数千人を発して海に入る」という記事が見える。「斉」とは山東省の地の古名だ。山東省の徐福は始皇帝二十

八年（BC二一九）に、大国の一角に渡来したのである。

私としてはようやく出雲王朝の創始が見えてきた気がする。大事なことは、はるかな昔に、従来の概念になかった想像以上に広い国土の上に始原の王朝が王家の交替を伴いながら存在したことだ。最初が縄文人一色に塗られた日本列島地図。次が渡来人が日本の西半分に分布する地図。この領土の範囲で倭人の国の歴史は展開されたと考えるべきではないだろうか。

出雲神話はまだ、分析中である。だが少なくとも、次章に述べる「天孫降臨」という名の易姓革命は、すでに出雲王朝史の中に胚胎していたとみるべきではなかろうか。同じルート、方法、異なる部族によって行われた新たな革命と捉え直す必要があると思われてならない。

三　天孫降臨と倭奴国の突出

天孫降臨が弥生期の大革命であることは間違いないであろう。王権の所在すなわち首都が出雲から筑紫に移った大事変である。多元史観の側で強調された仮説である。この事変以後が九州王朝論といって差し支えなかろう。だが、それは九州王朝筑紫一元論のそれでしかなかった。結局は、記紀のイデオロギーから脱却できなかった歴史観のようだ。

天孫降臨は「大国の滅亡及び分裂」がその本質と考えられる。

記紀のイデオロギーは、殊に日本書紀の体裁から見れば、神代から神武天皇の直前まで「一書」

群が存在するように、諸家の異なる系譜をすべて神武に繋げ、神武が正統であることを主張することにあろう。この神武が多元史観の言うように、「九州王朝の傍系」でしかないなら、天孫降臨時における「九州王朝の直系」の祖は、はたして何者であろうか。

天孫降臨の天孫とはニニギノ命を指す。古事記の記載には端から綻びが現れる。

この御子は、高木の神の女《むすめ》万幡豊秋津師比売《よろずはたとよあきつしひめ》の命に娶《あ》ひて生みませる子、天の火明《ほあかり》の命、次に日《ひ》子《こ》番《ほ》の邇邇芸《ににぎ》の命に詔科《みことおほ》せて、「この豊葦原の水穂の国は、汝《いまし》の知らさむ国なりとことよさしたまふ。かれ命のまにまに、天降《あも》りますべし。」とのりたまひき。

母の名にすでに「豊秋津」の地名が出ていること、兄（天の火明《ほあかり》）が存在すること、天降る先が「豊葦原の水穂の国」であること、これらの具体的な条件が示されながら、ニニギノ命は結局、豊に天降らず、「竺（筑）紫の日向の高千穂のクシフル峰」に天降るのである。古事記の天孫降臨は最初から甚だしい矛盾を露呈している。

これを見事に解き明かすのが、『先代旧事本紀』である。同書では、ニニギノ命は「皇孫本紀」の初めに登場する。確かに天降りはするのだが、右の古事記と同様の記事は、「天神本紀」の初めにあり、天降りの主は「天照国照彦天火明櫛玉饒速日尊《あまてらすくにてらすひこあまのほあかりくしたまにぎはやひのみこと》」となっている。この「天照」・「天火明」の称号を併せ持つ「饒速日尊」こそが出雲第三王朝を倒した主力であるようだ。記紀の天孫降臨は最初から「改竄」だったのである。

饒速日尊は、三十二人の武将と二十五部の物部その他を率いて、天国（壱岐対馬）から豊日別《とよひわけ》

（豊国）に天降りした。谷川健一氏らの著書にあるように、そこは、遠賀川流域（福岡県筑豊地方）に他ならない。天の物部二十五部の氏族の名は、今日なお、現地に遺称としてある。例えば、二田《ふつた》物部（筑前　鞍手郡・二田郷）、馬見《うまみ》物部（筑前　嘉穂郡・馬見郷）、嶋戸《しまと》物部（筑前　遠賀郡・島門《しまと》）、赤間《あかま》物部（筑前　宗像郡・赤間）、筑紫物部聞《きく》物部（豊前　企救《きく》郡）とあり、その最後が、「筑紫贄田物部」だ。筆者は、この「贄田（にえた）」が本来は「ニギタ」であり、万葉集八番歌の「熟田津《にぎた》」がこの地であり、福岡県鞍手町の「新北《にぎた》」が同地であるとの比定を、神功紀の解読から行った（後述）。その地には、宗像三女神が最初に降臨したという伝承のある「六嶽《むつがたけ》」がある。さらに鞍手町の隣、宮田町磯光には「饒速日尊」を祀る「天照宮《てんしょうぐう》」が鎮座する。この天照宮がもとは、笠木山嶺に鎮座した。「竺（筑）紫の日向の高千穂のクシフル峰」に天降ったニニギの「此地は韓国に向ひ笠紗の御前《みさき》にま来通り」の宣言は、縄文時代の古遠賀湾よりやや海の引いた弥生遠賀潟を想定するとき、この宮の地で、弟ニニギではなく、その兄、すなわち饒速日尊より発せられたものと考えるのが自然だ。今日の筑豊地方は、豊日別の国だった。そこに降臨した主力軍団の説話をニニギの説話に接いだ。古田武彦氏のいわゆる「接木」の手法なのである。

一方のニニギノ命は、白日別《しらひわけ》（筑紫、博多湾岸）に物部五部人を率いて天降りした別働隊である。彼はまさしく「竺（筑）紫の日向の高千穂のクシフル峰」に天降りした。ニニギノ命ももとより、天孫降臨、否、もはや「天神降臨」と呼ぶべき革命、その大軍団の一部隊ではあるが、「傍系」にしか過ぎなかったのである。

古典に記された郷土の地名

「直系」は饒速日尊であった。彼の都「高天原」は今や、鞍手郡の領域を指し始めたのである。先の、嶋戸物部（筑前　遠賀郡・島門）の地が、柿本人麻呂の詠んだ万葉集の三〇四番「大王の遠《とほ》の朝廷《みかど》と蟻通ふ嶋門を見れば神代し思ほゆ」の嶋門と同じであれば、「高天原」はまた「遠の朝廷」でもあることになる。

遠賀はまた、岡（崗）の地である。吉田東伍の『大日本地名辞書』の「崗水門（ヲカノミナト）」の項の末尾に、次のような行文がある。

ちはやふる金の三埼を過ぎぬとも吾は忘れじ牡鹿の皇神《すめがみ》〔萬葉〕

按にこの歌の牡鹿《ヲカ》は諸家シカと訓みて、志賀海神に引きあてたり、然れとも牡鹿の牡の字の添へてあるからには、ヲカと訓むべきにあらずや、即此岡の湊の神を祈る心なるべし。

この「ヲカ（遠賀、崗）の皇神」もあるいは饒速日尊を指すかも知れない。

以上述べてきたように、天孫降臨の実体は「天神降臨」であり、出雲王朝の王権は、天神饒速日尊によって、「高天原」・「遠の朝廷」すなわち「豊の国」に移ったようだ。従って、饒速日尊の遠の朝廷は「天姓」であることになろう。それも実は、記紀および先代旧事本紀に露呈している。

天孫降臨記事に戻ると、記紀のニニギノ命、実は旧事本紀の饒速日尊の父は共に、「天の忍穂耳《おしほみみ》の命」である。この神が英彦山《ひこさん》神宮（福岡県田川郡）に祀ってある。

英彦山は古くから神の山として信仰されていた霊山で、祭神が天照大神の御子天忍穂耳命であるところから、「日の子の山」すなわち「日子山」とよばれていた。天忍穂耳命は英彦山に降臨、瓊瓊杵命《ににぎのみこと》の建国の偉業に助力された。（全国神社名鑑）

天神降臨は一代の事業ではなかった。父の降臨が英彦山に先にあって、それから饒速日尊の天神降臨があった。因みに、英彦山神宮の宮司は「高千穂」氏である。豊の国に王権が移った。そうして、「国譲り」に成功した天氏は、同時に「大王」の称号をも襲ったらしい。この大義名分が、筆者が以前に分析した「お佐賀《さか》の大室屋《おほむろや》（吉野ヶ里遺跡の前期環濠集落）の決戦[5]」に繋がったようだ（後述）。

ところが、饒速日尊を新たな大王とする高天原朝廷は、天神降臨において、出雲第三王朝の領土全てを継承することができなかったようだ。それが、中国の正史に露呈している。

『漢書』に日本列島上の種族と国が、二種記録してある。

呉地「会稽海外、東鯷人有り。分かれて二十余国を為す。歳時を以って来り献見すと云う」

燕地「楽浪海中、倭人有り。分かれて百余国を為す。歳時を以って来り献見すと云う」

「東鯷人」は『史記』に出現しない。「鯷」字は史記成立後から、漢書成立の頃に出現している。

そしてこの字が実は音が「シ」、訓が「しこ」で、漢代、日中双方で「サケ（鮭）」を指したことを突き止めた。(6) 東鯷人の国若狭湾沿岸、丹波を中心とする国のようである。後の、銅鐸圏、さらには三角縁神獣鏡圏の国でもあるようだ。

倭人の国は、出雲王朝の章でも引用したのだが、饒速日尊を新たな大王とする高天原朝廷の領土と考えられる。これらの記事が、天神降臨の本質は「大国の分裂」であるとする仮説の、今はまだ、脆弱な根拠である。だが、この倭人の国が、次の『後漢書』に現れる「倭奴国」に繋がるなら、「東鯷人」の国は、ここでもなお分裂して独立した国と考えられるのである。

『後漢書・倭伝』　会稽海外に、東鯷人あり、分かれて二十余国を為す。また、夷州および澶州あり。伝え言う、「秦の始皇、方士徐福を遣わし、童男女数千人を将いて海に入り、蓬莱の神仙を求めしむれども得ず。徐福、誅を畏れて還らず。遂にこの州に止まる」と。世世相承け、数万家あり。人民時に会稽に至りて市す。会稽の東冶の県人、海に入りて行き風に遭いて流移し澶州に至る者あり。所在絶遠にして往来すべからず。

史記・漢書の記事がまとめられ、徐福の止まった先が「東鯷人」の国であり、そこの人民が後漢の時代に会稽に至ったと記録されている。そのとき、東鯷人のもたらしたものが、どうやら干し鮭や鮭の皮で作った冠らしいということもようやく突き止めた。倭奴国の時代にも東鯷国は並立していたようだ。

この「倭奴国」が饒速日尊以来の王朝であるなら、後漢書以降に現れる正史の倭国伝のほとんどが、「倭国は古の倭奴国なり」とする認識は十分に正しいようだ。倭国の創始は倭奴国である。倭奴国が「ゐの国[7]」と読めるなら、「の」は格助詞と考えられ、倭奴国と倭国は同一の国であること、蓋然性が高い。紀元五七年、倭奴国が後漢に朝賀し、「漢委奴国王印」すなわち志賀島の金印と呼ばれる印を授与された。紀元一〇七年、倭国王帥升らが、後漢の安帝に生口一六〇人を献じて請見を願う。饒速日尊・委奴国王・倭国王帥升は一系の王者と思われる。

ここに重大な事実が現れる。「倭」の訓「やまと」の地も、饒速日尊の建てた高天原の都の地であるということだ。豊の国の神の山、日子山（英彦山）への登り口としての「山門」の国なのである（現在、執筆中の「天満倭考」の主題である）。

したがって、「倭王朝《やまと》」は、国譲りの成立とともに、すなわち、倭奴国の成立とともに始まっていたといえるのである。

この「倭王朝」の発展譚、すなわち領土拡張の際の戦闘の記録が、神武歌謡に残されていた。

神武前紀戊午年冬十月、八十梟帥《やそたける》征討戦の歌謡の新解釈。

神風《かむかぜ》の　伊勢の海の　大石に　や　い這ひ廻《もとほ》る　細螺《しただみ》の　吾子《あこ》よ、細螺の　吾子よ。　細螺の
い這ひ廻り　撃ちてし止《や》まむ。　撃ちてし止まむ。

【口訳】神風の伊勢の海の大きな石のまわりを、這いまわっているシタダミのような吾が子よ。シタダミのような兵士よ。シタダミのように這いまわって、敵を撃ち滅ぼしてしまおう。敵を撃ち

滅ぼしてしまおう。

【解説】伊勢の海は、福岡県糸島半島付近の海。かつてここに上陸した天孫族の一部族が、この地方で歌った民謡のようだ。吾子は文字通り、海辺に遊ぶ吾が子を指した。その後領土拡張を続けて、佐賀県神崎の吉野ヶ里（次の歌謡の「オサカの大室屋」）の決戦に臨んだとき、兵士に呼びかける歌にアレンジされたようだ。替え歌のほうでは、城柵の上から矢を射掛けられ、濠に次々味方の兵の死体が重なってゆく。それでもなお、兵士はシタダミのように濠を這って敵陣に迫るのである。生々しい戦闘歌だ。（この解釈は、福田健氏からヒントをいただいた）

お佐嘉《さか》の　大室屋《おほむろや》に　人多《ひとさは》に　入り居りとも　人多に　来入り居りとも、　みつみつし　来目《くめ》の
子らが　頭椎《くぶつつ》い　石椎《いしつつ》いもち　撃ちてし止まむ。

【口訳】お佐賀の大室屋に、人が多勢入っていようとも、人が多勢来て入っていようとも、勢いの強い来目の者たちが、頭椎・石椎でもって撃ち殺してしまおう。

【解説】佐賀は古くはサカと呼んだ。通常、奈良県の忍坂がオサカに当てられてきたが、弥生時代の「大室屋」が吉野ヶ里遺跡を置いてないことは、その復元からも推測される。「お佐賀の大室屋」の推測の原点は、吉野ケ里遺跡の前期環濠集落の東側に、当時の東方すなわち筑紫方面から攻めてくる敵を想定して設けられたと思われる「逆茂木」遺構のあることだった。弥生時代後期の広がった環濠集落にはまったく意味をなさないこの遺構が、右の歌の再発見につながった。

だが、当時、佐賀県教育委員会の出していた以前の遺跡の発掘概報に「前期環壕集落」とあった説明は、吉川弘文館の「環濠集落　吉野ヶ里遺跡　概報」では、単に「内濠」と「竪穴住居群」というように、表記と内容が変わっている。

ただ、この遺跡の東入り口に当たる部分に立って、右の歌を口ずさめば、二千年の時を超えて、その情景が浮かぶことを強調しておきたい。


今はよ、今はよ。ああしやを。今だにも、吾子よ。今だにも、吾子よ。

【口訳】今が最後だよ、今が最後だよ。ああ奴らを（倒すのは）。今を置いてないよ、吾が子よ。今を置いてないよ、兵士等よ。

【解説】通例では、敵を倒した後、この歌が歌われ、みんなで笑ったとある。だが、歌を普通に読むなら、長期戦のあと、終に訪れた総攻撃の合図の歌ととらえるのが順当のように思われる。歌の元々は、鵜飼の鵜を捕らえるタイミングを子に教える歌とする解釈（古田武彦氏）があるが、それを使って総攻撃の合図としたとする筆者の考えとは矛盾しないだろう。この歌のみ、通例の解釈（『記紀歌謡全注釈』角川書店）をあげておこう。

「今はもう、（すっかり敵をやっつけたぞ）。わーい馬鹿者め。これでもか、ねえおまえたち」

（お佐賀《さか》なる）　愛瀰詩《えみし》を一人《ひだり》　百《もも》な人、人は言へども　抵抗《たむかひ》もせず。

【口訳】お佐賀にいるエミシを一騎当千だと、人は言うけれども、（われわれには）手向かいもできなかったぞ。

【解説】初句「お佐賀なる」は、我が国最古の歌論書『歌経標式』（七七二年）にある形から採った。エミシは通例「蝦夷」と蔑称が使われるが、ここだけ、原文は「愛瀰詩」とイメージの良い字が用いられている。エミシの自称と思われる。口訳にあるとおり、この歌こそが、激戦に勝った側の勝どきの歌であろう。『日本書紀』の原文によれば、約半年にわたる攻防戦であった。これらの歌謡が、景行紀にあるべき説話であることは拙論「於佐伽那流《おさかなる》　愛瀰詩《えみし》」で論じた。今は結果のみ挙げよう。吉野ヶ里陥落は、景行十三年（西暦八三年）の出来事と推測された。先の、紀元一〇七年、倭国王帥升らが、後漢の安帝に生口一六〇人を献じたとある「生口」とは、このときの捕虜、於佐伽那流　愛瀰詩の人々を言うのであろうか。

なお、佐賀県一円には、「於保」氏一族が今日もお住まいである。吉野ヶ里遺跡から、出雲系の銅鐸が出土したことからも分かるように、肥前には出雲第三王朝「大国」の一族が、国譲りの後も、相当期間、支配を続けていたようである。天神族との衝突は不可避のものであったようだ。また、北九州の肥前に分布する「在来系弥生人」と福岡県に分布する「渡来系弥生人」の、その境に位置するのが吉野ヶ里遺跡である。

景行紀には、九州統一説話があり、日本武尊（やまとたけるのみこと）が活躍する。肥前国風土記と照合すると、九州統一説話は二次に渡る。一次が倭奴国の説話に該当し、古事記の倭建命《やまとたけるのみこと》の悲話と重なる。倭奴国に確かに倭建命が実在したようだ。次の古事記の歌にその痕跡が残されていた。

ひさかたの　天の香山《かぐやま》　利鎌《とかま》に　さ渡る鵠《くひ》、　弱細《ひはほそ》　手弱腕《たわやかひな》を
枕《ま》かむとは　吾はすれど、　さ寝むとは　吾は思へど、　汝《な》が著《け》せる
襲《おすひ》の襴《すそ》に　月立ちにけり。

クヒにクビ（首）が掛けてあったために見過ごされてきた、重要な修飾語があったのだ。
「ひさかたの　天の香山　利鎌に　さ渡る鵠」の利鎌にとは鋭い鎌のような細く美しいクヒの首のような（女性の）腕の形容だったのである。そのクヒがどこの空を渡っているか。「ひさかたの天の香山」の空なのである。その実景描写から女性の美しい腕の修飾に使われている。倭建命は、天の香具山とそこを渡るクヒ（古代のシラトリの総称、代表は白鶴である）と美夜受比売の腕とを見ているのである。それでは、天の香具山とはどこの山か。豊の国別府の「鶴見岳」である。倭建命という実在の豊の国の王者が、天の香具山を渡るクヒすなわち白鶴を見たからこそ、「鶴見岳」の別名が生じたのではないか。万葉集の二番歌も「倭には群山あれど　とりよろふ天の香具山　登り立ち国見をすれば　国原は煙立ち立つ　海原はカマメ立ち立つ　うまし国ぞ　『豊』秋津嶋　ヤマトの国は」という長歌であったようだ。そして、十五番の「わたつみの豊旗雲に入日射し今夜の月夜さやに照りこそ」がその反歌であったと、拙論「万葉集の軌跡」で論じた。これらの歌にすべて共通するキーワードは、「倭（ヤマト）と豊」なのである。万葉集の二番歌も倭奴国の王者、倭

建命が真の歌い手かも知れないのである。遠賀川流域の数多い八剣神社には倭建命が祀ってあり、鞍手町の熱田神社には美夜受比売も祀ってあるのである。

こうして、領土を広げ、隆盛を誇った倭奴国にも反動の嵐が吹き荒れる。倭国の大乱である。後漢の桓帝・霊帝の間（一四七年～一八九年）のこととされる。「歴年主無し」とまで記録されたすさまじい乱だ。大王位継承戦争のようだ。それは、神武東征説話に残されている。

神倭伊波礼毘古《かむやまといはれびこ》の命、その同母兄五瀬の命と二柱、高千穂の宮にましまして議りたまはく、「いづれの地にまさば、天の下の政を平けく聞しめさむ。なほ東のかたに、行かむ」とのりたまひて、すなはち日向より発たして、筑紫に幸でましき。かれ豊国の宇沙に到ります。

神倭伊波礼毘古（神武）は天神降臨の別働隊、傍系のニニギノ命の系譜であった。彼の出発地は、博多湾岸の「日向の高千穂の宮」である。この宮が、後の神功紀にその所在が明かされていた。神功摂政三年の記事である。「磐余《いはれ》に都つくる。是をば若桜宮と謂ふ」。神功が水沼の皇都に入る前の宮なので、香椎宮から大宰府天満宮の間を探していた。昨年の夏に、大宰府の宝満山の竈門（かまど）神社に参拝した。目に入った神紋が「桜」だった。祭神を確かめると、玉依姫（たまよりひめ）命、相殿に神功皇后・応神天皇とあった。この宮こそ、イハレの若桜宮だった。倭奴国時代の「日向の高千穂の宮」に「神・倭・イハレ・彦」はいたのである。『続筑前風土記』にも宝満山は「岩群れ」の山と記されている。竈門神社の由緒はこうだ。

祭神玉依姫命は海神の御女であり、鵜葺草葺不合命《うがやふきあへず》の后、そして神武天皇の母君である。神武天皇は皇都を中州に定めんとして…建国の大偉業を中告した…。

中州の皇都とは、奈良県を指しはしない。遠賀の都、遠の朝廷と思われる。天神の傍系が天神の本流、倭奴国を継承、あるいは簒奪しようとの議事であったのだ。宝満山のすぐ西に可愛《え》の山陵と目される「愛岳」もある。高千穂の西だ。神武はこの簒奪に一時、成功したかのようである。饒速日尊の本流が東に逃れたようであるから。これが、神武の東征の骨格部分だ。実はニギハヤヒ本流の東遷、最初の倭（ヤマト）王朝東遷の記録だったのであろう。倭奴国の東の版図が判明する。吉備の高嶋宮までは交戦の記事がない。古田武彦氏の分析にある。河内湖に入ってから交戦になるが、これはさらに以前の記録だったようで、天神すなわち天孫は長脛彦に迎えられたようだ。平田博義氏が先代旧事本紀の系図を分析したら、饒速日尊の系譜は十一代のところで分かれるとの結果がでた。物部氏の傍流が九州に残り、物部氏の本流が遷ったようだ。その地こそ、かの石切剣箭神社にほかならない。祭神はもちろん饒速日尊。この宮の宝物に、藤田友治氏は、三角縁神獣鏡が「倭呉合作鏡」であるとの仮説を確認されたのだ。

この倭国の大乱と饒速日尊の本流第十一代の東遷記事から、ようやく、筆者のある仮説が確実になってきた。それは「神籠石《こうごいし》」の築造年代の問題である。筆者は、早くから、倭国の大乱の頃ではないかと予測していた。なぜなら、四世紀後半に神功皇后が三世紀卑弥呼の末裔の国々をことごとく北九州の地に破ってゆく事実が窺われるのだが、その中に、明らかに神籠石に拠る相手が認めら

御所ヶ谷神籠石

れるからである。福岡県吉富町の八幡古表神社（息長大神宮）は「皇后石《こうごいし》」（列石ではなく単体）を管理している。皇后が敵を破って持ち帰ったからそう呼ばれたようだ。最も新しい神籠石が隣の太平村から出た。唐原神籠石である。山国川沿いに船で楽々運ぶことのできる距離のところにでた。

他方の「神籠石」は高良大社に伝わる名称。神が篭って戦ったからか。『久留米市史』に採られた伝承には、「英彦山の天狗」や「鬼」が一晩で作り上げそうになったから、高良明神が鶏の声を真似て、天狗や鬼を追い払ったとある。高良明神が篭ったのではない。むしろ、英彦山の天狗や鬼が篭っていたのを高良明神が奪い取ったという構図が共通する。神籠石が朝鮮式山城であることは考古学が証明した。神功皇后が敵もろとも破壊したのが歴史事実なら、下限は四世紀後半、山城は潰えた。では上限、築造年代はそれを遡らざるを得ない。その予測を確信させてくれたのが、吉備の「鬼《き》の城《じょう》」である。

第一に、九州の神籠石と同じ遺跡である。西門のところに「神籠石状列石」と名付けられた遺構があるが、状ではなく、「神籠石」そのものである。山上に水源があり、水門が数箇所設けられている。列石は外と内と二重になった箇所もあり、その上が土塁、そこに木の柵と完全な朝鮮式山城である。疑いようがない。

第二に、高千穂の宮とか高島宮とかあるように弥生期の都は「山城京」とでも呼ぶべき機能を備えていたのではないか。逃げ城の機能だけではなく、居住した可能性も見える。福岡県行橋市の御所ヶ谷神籠石の山頂に礎石建物跡があり、鬼の城にも礎石建物跡がある。古代の吉備の海岸線の地図を見ると、鬼の城の直下まで海が入り込んでいる。それを見て田遠清和氏が気づいた。神武が東征の途中、八年ましました吉備の高島宮とは鬼の城ではないのかと。そのとおりと思わざるを得ない。実際にここに寄ったのは、饒速日尊の本流第十一代と思われるのだが、後漢の桓・霊の間に高島宮すなわち鬼の城は完成していたことになろう。

第三に、この城を居城とした者の伝承が残されている。「人皇第十一代垂仁天皇のころ、異国の鬼神が飛行して吉備国にやって来た。彼は百済の王子で、名を温羅《うら》ともいい吉備冠者《きびのかじゃ》とも呼ばれた。……彼はやがて備中国新山に居城を構え、さらにその傍らの岩屋山に楯を構えた。しばしば西国から都へ送る貢船や、婦女子を略奪したので、人民は恐れ戦《おのの》いて『鬼城《きのじょう》』と呼び、都に行ってその暴状を訴えた。」このあと、イサセリヒコノミコト（後に吉備津彦と名乗る）が朝廷から派遣され、温《う》羅《ら》を討ち果たすのである。

近くの楯築遺跡は、弥生時代の墓が壊され、その上に古墳が作られている。また、吉備津彦の鬼退治のあと、吉備平野に前方後円墳が現れる。伝承を素直に信ずるかぎり、鬼の城すなわち高島宮を築いたのは温羅の一族であり、古墳時代に入る頃に新たな権力者に滅ぼされたと見るしかない。ここにも革命の跡が偲ばれる。倭国東端の神籠石落城説話なのである。古墳期に入る頃に落城したとすると、鬼の城も神籠石も倭奴国の大乱の頃築城され、次の邪馬壱国の時代までは続き、邪馬台国の成立時に攻撃され廃城になったと考えられる。

四　邪馬壱国の成立

天神の傍系に反乱され、「歴年主無し」となった倭奴国は遂に一女子を共立する。邪馬壱国の女王卑弥呼である。王家は交替した。禅譲に近い。大きな遷都は見られない。遠賀川流域、漢式鏡（卑弥呼が魏から下賜された鏡と推定される）の出土した飯塚立岩遺跡のあたりと思われる。二三九年、魏に難升米を遣わし、「親魏倭王」を授与される。

一方、三国志呉書に重大な記事がある。

「将軍衛温・諸葛直を遣わし、甲士万人を率いて海に浮び、夷州および亶州を求む、亶州は海中にあり」。三国志呉書「孫権伝」黄竜二年（二三〇）の記事である。これが従来、三国志では消えたとされた「東鯷国」の記事だったのである。それが後代の作品から判明した。沈約の「従軍行」という五言詩の中に、「天に浮かび鯷海に出づ　馬を束ねて交河を渡る」という対句がある。「鯷海」とは「鯷人の住む海外の国」すなわち「東鯷国」のことだ。韻律の制約上、「東鯷の海」と詠っていないだけなのである。対句の他方が、西の内陸部の方を詠っていることからも明らかだ。沈約（四四一～五一三）は、梁の学者。『晋書』『宋書』『斉紀』『梁武紀』などを編集した。それまでの「正史」を誰よりも知る存在だ。とすると、彼は、『漢書』に記された「東鯷国」を知っていて、そこに従軍した、『三国志』等に記された将兵をも知っていて、それを基にかの詩を詠んだはずだ。黄竜二年の記事は、東鯷国派兵記事だった。したがって、《東鯷人の国は、丹波を中心とする二十余国の国であり、秦時に徐福が渡来し、漢代に「鯷（しこ、実はサケ）」を呉地にもたらし、三国時代に呉兵が亡命し「倭呉合作鏡」たる三角縁神獣鏡を作った地であり、「親魏倭王」の女王国に属しなかった独立国である。》という新知見を得たのである。

　その上、女王国は南の狗奴国とも交戦せざるを得なかった。狗奴国とは字面から見ても「いぬの国」で「倭奴国」を思わせる。中国の三国時代に、わが国も三国鼎立の内乱の時代に突入していたようだ。

五　邪馬台国の成立

四世紀、遂に東鯷国が挙兵した。すでに饒速日尊の本流と融合したと推測される東の三角縁神獣鏡圏を形成する強国が、征西を開始した。征西のヒントは万葉集八番歌にあった。

　熟田津に　船乗りせむと　月待てば　潮もかなひぬ　今は漕ぎ出な

左注に斉明のこととして「御船征西し、始めて海道に就く」がある。征西といい、始めて海道に就くといい、不審だらけの注だった。この征西の記事を日本書紀に探しぬいた結果、神功皇后が「和珥津《わにのつ》」を発し、肥前松浦県玉島の「勝門比売」を討伐に向かう、という歴史事実に合致する歌であることが判明した。邪馬台国の成立の要点のみ述べよう。

気比の宮[8]を発した息長帯比売《おきながたらしひめ》天皇（神功皇后）は、海人族を従え、播磨の国を南下、瀬戸内の海に出る。吉備の鬼の城の温羅を滅ぼし、西進する。牛窓でも新羅の王子を退治し、遂に穴門豊浦宮（赤間神宮隣の亀山八幡社）を落し入城。邪馬壱国の王の一人、岡県主の祖熊鰐が帰順。続いて伊都県主の祖五十迹手が帰順。橿日宮に進軍。仲哀戦死。神功即位。穴門豊浦宮に帰還。淡海の大津の宮（御所ヶ谷神籠石、豊の国）に拠る忍熊王を殲滅。遠賀の地で物部氏を招集し、ニギタヅを出航。橿日宮を経て、松浦県の熊襲を滅ぼす。渡海して倭地を確保。筑紫に帰って応神を出産。穴門豊浦宮に帰還。相当の期間を経て、羽白熊鷲を殲滅。若桜宮に入る。数年後、筑後川を渡って三潴を攻撃、桜桃沈輪《ゆすらちんりん》を滅ぼす。田油津姫《たぶらつひめ》を討伐。豊・筑紫・火の三国を統一する。邪馬壱国滅亡。三六九年、水沼の皇都を建設。筑後遷都が行われた。三七二年百済から七枝刀（「泰和四年」三六九作製）が献上された。三八九年若桜宮にて崩御。

また、記紀には現れないが、吉野ヶ里は天孫側の要塞として拡大再使用されたが、佐賀県教育委員会が説明するように、今から一七〇〇年前にそれもまた途絶えたのである。甘木の平塚川添遺跡、壱岐の原の辻遺跡等、北九州には一七〇〇年前に途絶えた遺跡が多い。それは、筆者の分析によれば、四世紀後半、神功皇后（七支刀の銘文にある倭王旨）が、前権力（卑弥呼の王朝）を倒した結果と符合すると考えている。

この後に続くのが、倭の五王、すなわち邪馬台国の五王である。特に、倭武は常陸風土記に登場し、都においては日本書紀の原型となる日本旧記を編ませ、万葉集の原型を現出せしめた、政治・文化の両面において傑出した天子であったようだ。また、南朝宋への上表文も優れた漢文を残している。

東鯷国（三角縁神獣鏡圏の国、呉と交渉があった）が、倭国（漢式鏡圏の国、親魏倭王の国）を併合するというとてつもないテーマが出現した。今後の大課題である。

なお、邪馬台国は、紀氏のようだ。次を掲げておく。

高良山隆慶上人伝

上人諱は隆慶、世姓は紀氏。人皇八代孝元天皇十一世の苗裔、武内大臣八代の的孫なり。父は紀の護良、母は弓削氏なり。

当社垂迹より已降、紀氏は累代九国を監察し、三韓を守禦す。故に九州、尤も其の氏族を重んず。（傍線は筆者）

この紀氏の末裔と思われるのが、紀貫之である。彼は、古今和歌集仮名序において万葉集の秘密を記し、藤原氏の批判の見られる竹取物語や伊勢物語の作者と目されるのも、理由のないことではないようだ。

六　物部新王国の成立

神功の建国した邪馬台国は、八幡神の国でもある。強大な武力によって統一を為したがために、国内には比較的平和な時代が続いたようだ。ただ、朝鮮半島には常に出兵していたようである。その軍事力の源が、建国に従事した物部氏。だが、天子と大将軍に亀裂が生じたようだ。ここに書紀にいう磐井の乱が勃発する。筑紫国造磐井の乱（風土記は筑紫君磐井）である。古田武彦氏は、その実体を近畿の継体天皇の乱とし、筑紫君葛子が糟屋の屯倉を献上したが、九州王朝は継続したと考えられた。だが、原文に従う限り、大きな矛盾がある。

遂に磐井を斬りて、果たして彊場（さかひ）を定む。

その堺として、糟屋の屯倉（平成十二年、福岡県古賀市教委が鹿部田渕遺跡の大型建物群の跡を確認している。七月一〇日の読売新聞夕刊に載った）を献上したのなら、六世紀にすでに大和王朝が博多湾岸付近まで領有したことになり、九州王朝は弱小の王家と成り果てている。では実態は何か。

筑紫君磐井を斬り、彊場を定めたのは、他ならぬ邪馬台国の大将軍物部麁鹿火《あらかひ》だったようだ。近畿天皇の家臣ではなく、磐井の家臣、否、共同統治者に近い存在だったと考えられる。だからこそ、「官軍俄かに発動」できたのであろう。律令制を樹立し、天子の位を独占しようとした磐井に対して起こしたクーデター、これがこの動乱の本質ではないか。磐井を斬ったあと、麁鹿火は宗像の辺りから逃げはしなかった。そこに葛子が糟屋の屯倉を献上して、物部氏が新天子となったようだ。その都はどこか。津屋崎の宮地嶽神社であろう。全国の宮地嶽神社の総社である。この宮の奥に巨大横穴式石室古墳がある。ここの被葬者こそ物部麁鹿火その人と思われる。宮の神紋が「三角縁神獣鏡の笠松文様」と同じ三つ松笠。宮の注連縄は日本一の大きさを誇る。物部天子の宮なのだ。姓は天氏。

邪馬台国内の権力闘争。近畿の継体天皇は、逆に物部麁鹿火が東の倭に派遣した将軍ではないのか。そうすると、物部麁鹿火こそが、真の「倭国（邪馬台国）の継体天皇」ではないのか。磐井の乱の実体は「物部麁鹿火の乱」と考えられるのだ。五三一年成立。

七　俀国の成立と終焉

筑紫君（邪馬台国）側はしばらく雌伏する。その後、勃発した、天子の位の奪還を賭けた戦いが、聖徳太子と蘇我氏の蜂起ではなかったか。物部守屋を滅ぼして、奪還に成功する。五八七年のことだ。物部王朝は短命に終わる。

こうして即位したのが、日出処天子ではなかろうか。この間に、「法興」を始めとする二系統の九州年号が残されているのも、『隋書』俀国伝に兄弟統治の残存が記されているのも、あるいはこれらの複雑な事情が絡んでいるのではと考えた。

日出処天子の御世に華麗な王朝文化が花開く。俀京（大宰府）の建設。盛んな仏教。十七条の憲法も発布される。隋と対等外交。勅撰倭歌集万葉集の編纂。

東の倭も栄えていたであろう。そういう中、中国に唐朝が成立して、国際関係が悪化、白村江の敗戦へと至り、俀国は急激に衰亡していく。そうして、第一章で述べたように、大倭の東遷という事態の後、記紀の成立において、九州島に都を置いた歴代の王朝は、歴史の表舞台から抹消されたのである。最後の王朝、近畿天皇家に姓はない。

おわりに

今回は、今まで発表してきた倭国易姓革命論でなかなか論じる機会のなかった天孫降臨と倭奴国について集中的に述べた。神功皇后の記録もまだまだ、探索中で不明の点が多い。磐井の乱から天武の東遷までは、記録が多い分、却って難しい部分だ。記紀と万葉集を根底からひっくり返して読む作業は、複雑だが興味は尽きない。今回の発表を契機に、さらに古代史の事実に迫ってみたい。

【註】

（1）拙論「『万葉集』の軌跡」（新・古代学　第4集）に詳論。

（2）白鳳二年、吉野川の右岸、河口近くに天武天皇勅願道場妙照寺（現井戸寺）が開かれる。白鳳二年が西暦六六二年であるなら、天武は天智の即位以前に天皇を称していたことになる。（新・古代学第6集「四国の霊場は西古東新」平松幸一氏）

（3）角川文庫「古事記」武田祐吉訳注

（4）飯岡由紀雄氏の、四隅突出型墳丘墓は八隅を表していないか、との発想から解明できた。

（5）『九州王朝の論理』（明石書店）中の拙論「於佐伽那流《おさかなる》　愛瀰詩《えみし》」で論じた。

（6）「東京古田会ニュース八七号」に「鯷」字考として掲載。

(7)「ゐの国」が遷宮を行ったと仮定するとき、粕屋郡久山町猪野の天照皇太神宮も宮の候補となり、漢委奴国王印はこの宮あたりに大事に祭られていた可能性も見える。志賀島出土は怪しい。

(8)息長氏の本貫地は、平田博義氏のおかげで、舞鶴市行永(古は息長)の大森神社の地であることが分かった。

第五章　起源の物語『常陸国風土記』

松崎　健一郎

一　『常陸国風土記』――その基本的性格

『常陸国風土記』冒頭はこうだ。

常陸国司解申。古老相伝旧聞事。（常陸国司解《げ》し申す。古老相伝の旧聞事。）

『常陸国風土記』の大体は、古老の語る常陸国の歴史・伝承を記す、というかたちになっている。そして、心に残る部分はほとんどが「古老曰」として語られているところだ。ちなみに「古老曰」は全部で二十四回出てくる。現写本系にない信太《しだ》郡設置の由来を記した部分を加えると、二十五回になる。

では、「古老」とはだれか。古老は同一人か、それとも複数の人物か。歴史・伝承の語り手といえば、『古事記』の稗田阿礼や『遠野物語』の佐々木喜善《きぜん》などがまず思い浮かぶ。

それでは、「古老曰」として語られる内容がどんなものであるか、見てみよう。そうすることで、おのずと古老のすがたが浮かびあがってくるかもしれない。

① 常陸国成立に至るまでの行政単位と常陸国の命名由来とを説明。倭武《わぶ》天皇の衣の袖が泉に垂れて沾《ひ》じたので、袖を漬《ひた》す意から「ひたち」(常陸)という国名がつけられた、という説も紹介している。(総記)

② 崇神天皇の世、東夷の荒賊平討のために遣わされた比奈良珠命《ひならすのみこと》(新治国造の祖)が新しい井を治《は》りしによりて「新治《にひはり》」の名がついた、という(「新治」地名の)由来説明。(新治郡)

③ 新治郡家から東五十里の笠間村に行くのに越えねばならぬ山の山賊油置売命《あぶらおきめのみこと》をめぐる歌を紹介。(ただし、歌のあと、以下略すとあり、話が途中で切れている。)(新治郡)

④ 「筑波」という名が国造筑簟命《つくはのみこと》による、という由来説明。(筑波郡)

⑤ 祖神尊《おやがみのみこと》が諸神の処を巡行のとき、福慈岳《ふじのやま》(富士山)では泊めてやらず、筑波岳では泊めてやった、祖神尊は福慈岳には人が登らないように、筑波岳《つくばのやま》は民でにぎわうように、と念じた、そこから両山のにぎわい方の違いが生まれた、と説明。(筑波郡)

⑥ 信太郡成立の事情説明。信太郡がもと日高見国《ひたかみのくに》であったことを付加。(信太郡。逸文による)

⑦ 大足日天皇《おほたらしひ》が浮島《うきしま》の張宮《かりみや》に幸せしとき、水の供御《くご》がなかったので、卜者の占ったところを穿《うが》た

せた話。（信太郡）

⑧　天地のはじめ、草木言語のとき、天より降り来た普都大神《ふつのおほかみ》が「山河荒梗の類」を平定して天に還った話。（信太郡）

⑨　倭武天皇巡幸によって地名（乗浜《のりはま》）がついた、という由来譚。（信太郡）

⑩　黒坂命《くろさかのみこと》による国巣討滅譚。すなわち、国巣《くにす》が郊に出ているとき住居の土窟を茨棘《いばら》で塞いでおいて急襲し、戻ってきたけれども窟に入れずにいるところを滅ぼした、その「茨棘」によって「茨《いば》城《らき》」と名をつけた、という地名由来譚。（茨城郡）

⑪　行方郡の成立事情説明。それと、倭武天皇天下巡狩のとき、この地の地形・景色のうるわしさによって「行細国《なめくはしのくに》」と称させ、後世「行方《なめかた》」と号するようになった、という由来譚。（行方郡）

⑫　継体天皇の世の箭括氏麻多智《やはずのうじまたち》と孝徳天皇の世の壬生連麿《みぶのむらじまろ》とがそれぞれ夜刀神《やとのかみ》を圧迫する話。すなわち、箭括氏麻多智は夜刀神を永代敬祭することを条件に神の領分を人間に割譲させ、壬生連麿は夜刀神を神と思わずたんに蛇のたぐいとしてのみ見て打ち殺させようとしたところ、神は避け隠れた、という話。（行方郡）

⑬　東夷の荒賊を平げるために遣わされた建借間命《たけかしまのみこと》が土地の国栖《くにす》を葬儀の偽装によって油断させ、無防備に出てきたところを急襲して滅ぼした話。そして、それに伴う板来《いたこ》付近の地名由来も付加。（行方郡）

⑭　倭武天皇巡行途中の佐伯《さへき》征伐と地名（当麻《たぎま》）由来譚。（行方郡）

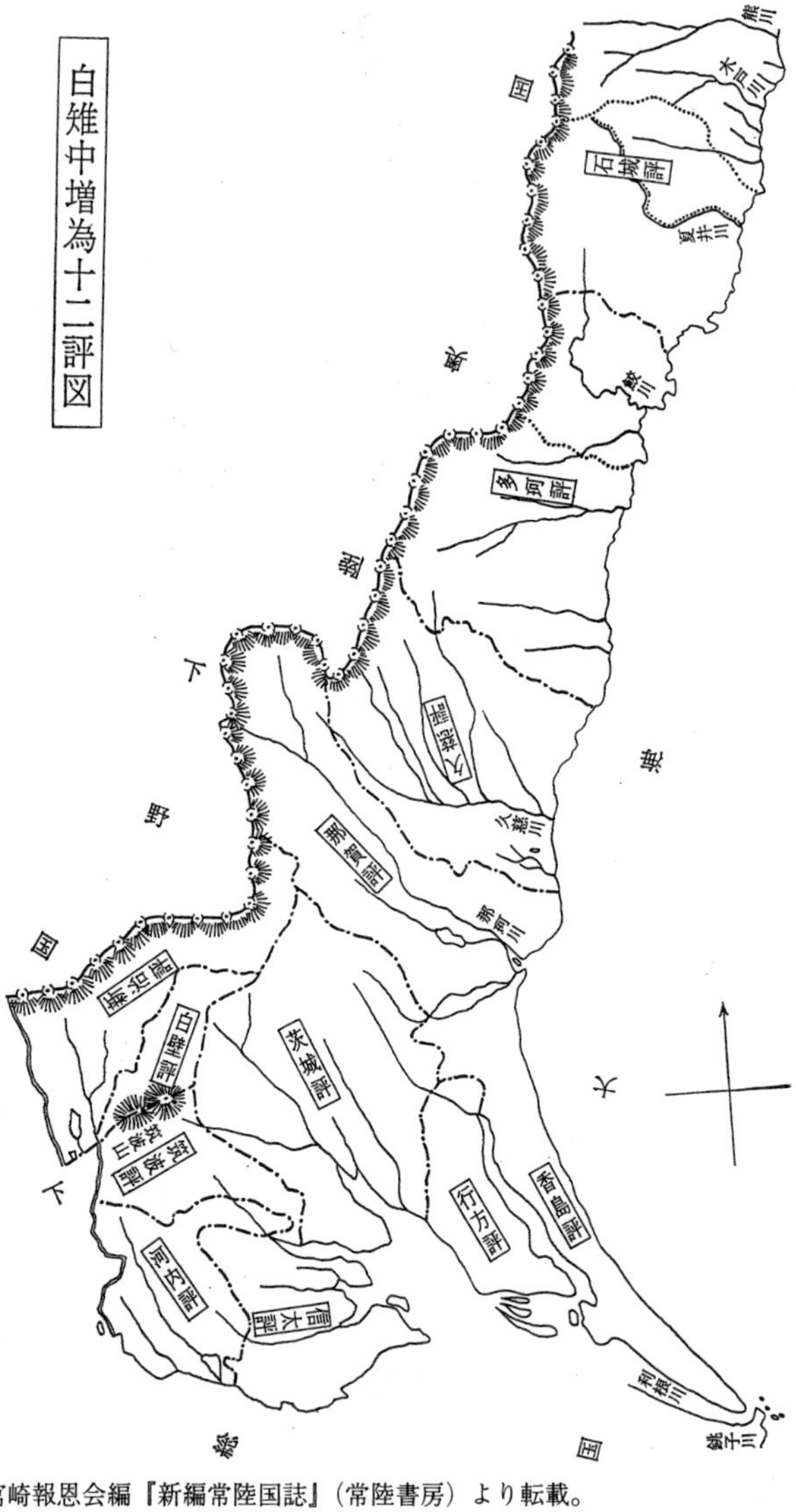

白雉中増為十二評図

宮崎報恩会編『新編常陸国誌』（常陸書房）より転載。

⑮　倭武天皇巡行による地名（大生《おほひ》・相鹿《あふか》）由来の話。（行方郡）

⑯　香島郡成立の由来と香島《かしま》宮の由来とを説明。（香島郡）

⑰　倭武天皇の世、香島の神が神職中臣氏に舟を作ることを命じ、かつ神の大いなる霊力を見せつ

けた話。（香島郡）

⑱　神世、沼尾《ぬまお》社の池は天より流れ来る水の沼であったこと、そして、そこに生える蓮根の美味にして病にもしるしあることを説明。（香島郡）

⑲　垂仁天皇の世、白鳥が天より飛来し、僮女《おとめ》と化して石をもって池を造り、堤《つつみ》を築いたが、ついに成らなかった、それが白鳥《しらとり》里の地名由来である、と説明。（香島郡）

⑳　晡時臥山《くれふしのやま》に兄妹がいた、その妹のもとに人が通ってきて夫婦となり、妹は小蛇を生んだ、その蛇は神の子であり、どんどん成長した、そのために兄妹はその子を父のいるところ（天）に帰そうとしたが、兄妹と子とのあいだに齟齬がおこり、子はついに天に昇ることができなかった、という伝説。（那賀《なか》郡）

㉑　久慈《くじ》という地名の由来説明、倭武天皇が久慈と命名。（久慈郡）

㉒　長幡部《ながはたべ》の遠祖が長幡部神社の近くに移りくるまでを、「天孫降臨」のときから説明、そして、この地で織る織物の常ならざるすばらしさを強調。（久慈郡）

㉓　助川駅家《すけがはのうまや》のあるところをむかし遇鹿《あふか》と言った由来を、倭武天皇がこの地に至ったとき皇后が参り遇ったからだ、と説明。（行方郡の遇鹿でもおなじような由来を記している。）（久慈郡）

㉔　成務天皇の世、多《た》珂《か》国造に命ぜられた建御狭日命《たけみさひのみこと》が初めてこの地に来たとき地形を見て多珂国と名づけたという地名由来と、当時の多珂国の範囲、さらにその後孝徳天皇の世に多珂国が多珂・石城《いはき》の「二郡」に分けられたこと、などを説明。（多珂郡）

㉕ 倭武天皇巡行のとき、天皇が野、皇后が海、と分かれて獲物をとることを競ったが、天皇は野でひとつもとれず、皇后は海の漁で多くのものを得た、そこでみなで海の味わいを飽きるほどに喫《くら》った、それでのちにその地を飽田《あきた》村と名づけた、という地名由来譚。（多珂郡）

現存『常陸国風土記』では、以上が「古老曰」の内容となる。これから「古老曰」の部分の特徴を抽きだしてみる。

まず常陸国全体の成立由来を述べ、さらに新治郡から多珂郡までの各郡冒頭で郡名の新治とか久慈とかがついた由来、また郡成立の事情を説明している。①②④⑥⑩⑪⑯㉑㉔。ただし那賀郡だけは「最前略之」とあって冒頭部分が省略されているので、郡名の由来などは記されていない。また、信太郡は逸文によってはじめて郡成立の事情を知ることができる。「古老曰」部分の最大の特徴は、常陸国と各郡との成立事情や地名由来を語っていることだ。全部で二十五ある「古老曰」のうち九つがこれである。三十六パーセントにあたる。三分の一強だ。

第二に、外部からの侵略勢力が現地の勢力を討ったり滅ぼしたりする内容のものが四つある。⑧⑩⑬⑭。普都大神（信太郡）、黒坂命（茨城郡）、建借間命（行方郡）、倭武天皇（行方郡）がその侵略者の名である。ただし、倭武天皇はおのが支配地の巡行者という面が強い。いずれも強い印象を与える内容になっているが、とくに⑩⑬の印象は強烈だ。

第三に、倭武天皇にまつわる内容が多い。①⑨⑪⑭⑮⑰㉑㉓㉕の九つである。ただし⑰はたんに

「倭武天皇の世」とあるだけである。

第四に、外部から来た者との接触にかかわる内容を記すものがほとんどである。①②④⑤⑥⑦⑧⑨⑩⑪⑫⑬⑭⑮⑯㉑㉒㉓㉔㉕の計二十ある。八十パーセントだ。なお、このなかには、孝徳天皇の世に遣わされた（どこから遣わされたかは記していない）惣領高向大夫《たかむくのたいふ》・中臣幡織田大夫《なかとみのはたおりだのたいふ》などに建郡を請うて実現した、という建郡記事が四つ含まれている。⑥信太郡、⑪行方郡、⑯香島郡の建郡と、㉔の多珂郡を多珂・石城二郡に分けたことを記したもの、計四つである。

このように見てくると、『常陸国風土記』の核の部分は「古老曰」という形式によって記されていることが分かる。常陸国および各郡の成立事情、また郡名の由来を記す、というかたちが例外なく履まれている。これはなにを意味するか。常陸国の行政的起源また歴史的起源をそのようなかたちで記した、ということだ。人はおのが立つ場所の起源を知ることによって自分がだれであるかを知り、心身の安定性を獲得する。自分がだれであるかを知ることは、自分がどういう社会や共同体、国家に所属しているかを知ることと不可分である。おのが所属するところを知らなくとも自分がだれであるかを知ることができる、と思いこむのは、近代の底の浅い一面的発想でしかない。人は社会や歴史から切り離されて一人で投げ出されたら、おのれを保つことは困難になる。自分が自分であることの基盤を失うからだ。

神話や伝承は、自分たちの起源はこうであった、と示すことを最大の動機・目的としている。歴史も同じだ。物語や学問のかたちをとりながら、起源全体ではなく、特定の部分部分をそれぞれに示そうとするのが歴史である。

常陸国の起源というものを考えるとき、もう一つ『常陸国風土記』が強調していることを見ておく。それはこうだ。この地に根生いの者たち・共同体を外からの侵略者が滅ぼしまた支配下に入れるという行為をくり返し、積み重ねながら「今」ある常陸国を形成していった、という歴史の強調である。侵略者たちが打ち立てた権力を継承した者たちが、侵略戦争とそれ以後「今」に至るまでを記したのが『常陸国風土記』である、と言える。したがって、常陸国はおのずと侵略者のこの地における権力樹立をもって起源とし、その権力が一貫して『常陸国風土記』執筆時の「今」に至るまで継承されている、ということになっている。その間に権力の断絶は一度もなかった、とする書き方がしてある。もちろん、侵略勢力は一挙にこの地を支配できたのではなく、それぞれの地域を長い年月にわたって少しずつ侵略しつつ権力を確立していった。しかし、それぞれの地域で権力を打ち立てたときからしか書かない。そうしないと起源を書けないからだ。したがって、権力確立以前の負け戦さについてはいっさい記していない。負け戦さがなかったはずはないのだが、権力確立以前も以後も負け戦さについては記さない。こういうところにも自分たちの権力・支配の起源とその後の連続性とを記すという『常陸国風土記』の基本的性格は明瞭である。

二　「古老」とはだれか

風土記撰進を命じた詔は和銅六年（七一三）五月に出されている。国名や郡郷名に好字を着けよ、という命令と一体のものとして出された。

畿内・七道の諸国と郡郷名とは好字を着けよ。その郡内に生ずる銀・銅・彩色・草木禽獣魚虫などのものは、つぶさに色目（種類・名称）を録し、さらに土地の沃塉、山川原野の名号のゆゑん、また古老相伝の旧聞異事は史籍に載せて言上せよ。

この風土記撰進の詔に沿うかたちで『常陸国風土記』は書かれている。「古老相伝の旧聞事」と冒頭に記したのもそのことの表明である。同時に、それは『常陸国風土記』の記事の信憑性を保証する根拠を明示するものでもある。

ところで、「相伝」とは「代々つたへる。代々うけつぐ。」（諸橋轍次『大漢和辞典』。以下『諸橋大漢和』と略す。）の意味だ。「古老」とは土地の神話、歴史、伝承などをいっぱいに蓄えている年寄り、という意味になろうが、『常陸国風土記』の「古老曰」として語られている二十五の内容は、当時としても遠い歴史に属する事がらである。わずかに孝徳天皇の世に「我姫之道《あづまのみち》」を惣領させるために遣わされた高向大夫などによって郡が置かれた、という信太・行方・香島郡の成立と、そして多珂・石城二郡の分立とが当時としての「現代」に地つづきである事がらであったろう。他に、行方郡の夜刀神伝説の後半壬生連麿の部分と、那珂郡の晡時臥山伝説とが当時の「今」とつながっている意識で語られたものと言えよう。

では、「古老」とはなにか。「古老」とはだれか。

考えられる「古老」の像はこうだ。

一つには、おのが住む土地の歴史や伝承についてくわしく知っている老人である。それぞれの土地のそうした老人たちの話をまとめたのが『常陸国風土記』の記事ということになる。『遠野物語』はこういう老人たちの代表のようなかたちで佐々木喜善が語ったものである。

二つ目には、土地の歴史や伝承にくわしい老人がたんに知識の豊かで記憶力にすぐれていた、というのではなくて、村や郡、あるいは常陸国全体かもしれないが、その神話や歴史、伝承を祭儀などの場で長いあいだ語ってきた老人、という像も可能だ。そして、そのばあいは、一定の語りの型式にのっとって節をつけて語っていたことが想像される。『古事記』の稗田阿礼などはこちらに近かったであろう。「古老」が一人であったか複数であったかは分からない。

『常陸国風土記』の内容は、公的にであれ私的にであれ、何代にもわたって語りつがれ相伝えられてきたものであることがうかがえる。

「古老」とはそれらの歴史や伝承を継承し、後代にまた伝えてゆく者である。『諸橋大漢和』は「古老」について「老人。故事に通じた老人。ものしり老人。」と記している。

「古老」とは自分の継承し相伝する神話や歴史、伝承をいつくしみ、撫でまわし、黒光りするほどに磨きこんだような人たちを指すであろう。すなわち、それらをたんに知識として語っているのではなく、村なり郡なり常陸国なりといった共同体そのものとおのれとが溶け合い、一つとなったところで語っている、ということだ。少なくとも『常陸国風土記』に記されている歴史なり伝承なりのほとんどはそのようなところで語られている。村なり郡なり常陸国なりの共同体が「古老」の口を通して共同体自身の歴史・伝承を語っている、と言ってもよい。

二十五ある「古老曰」の内容のうち、政治に関係しないものは例外的に三つあるだけだ。残りはなんらかのかたちで政治絡みの内容になっている。直接には政治に関係しないように見える地名の由来譚でも、倭武天皇がその由来とかかわっているのであれば政治に関係する内容だ、と言わねばならない。なぜなら、倭武天皇自身が『常陸国風土記』のなかで常陸国を征服した勢力の天皇として巡行しているからだ。

では、政治に関しない、例外的な三つとはどれか。⑱⑲⑳だ。

⑱は香島郡の沼尾社の沼とそこに生える蓮根の美味なることを述べ、⑲も同じ香島郡の白鳥里の地名説話で、白鳥が僮女《おとめ》と化して石でもって池を造り堤を築いたが、ついに成らなかった、というものである。

⑳は那賀郡の哺時臥山《くれふしやま》伝説で兄妹の妹が通ってきた神の化身と婚を通じ神の子たる小蛇を生んだ、成長した蛇は父の居処たる天に昇ろうとしたが昇りえず、哺時臥山にとどまった、蛇を養い容れた瓮甕《みか》がいまも片岡という村に残っており、子孫は社を立てて祭りを致している、といった内容である。

それでは、他の二十二の内容を見てゆく。そのなかに、外部からの侵略勢力が現地の勢力を平定したり滅ぼしたりする記事がある。⑧⑩⑬⑭だ。

この四つに共通するのは、現地の勢力を「狼性梟情、鼠窺掠盗」とか「荒賊」「凶賊」などと表現して、悪、凶、邪、賊といった像を押しつけていることである。したがって、それら現地の勢力を討ち滅ぼすことは善であり、吉であり、正義であることになる。それが『常陸国風土記』をつらぬく立場であり、主張である。すなわち、『常陸国風土記』を執筆させた段階の常陸国全体、また各郡や村などの共同体の立場であり、主張である。「古老」とはそれらの共同体の立場、主張を体現した人物である。

そうした立場からの記述であるゆえに、『常陸国風土記』は現地の勢力が侵略軍と戦うことの正当性は口が裂けても言わないし、現地軍の強さや侵略軍の受けた被害についてもいっさい語ろうとしない。

しかし、侵略軍が現地軍のまえにいくども手痛い敗北を喫したであろうことは行間からうかがえる。

三　「あづまのくに」という国名の由来

ところで東国はどうして、「あづまのくに」と呼ばれるか。

同時代社　新刊・ロングセラー

〒101-0065　東京都千代田区西神田2-7-6
Tel.03-3261-3149　Fax.03-3261-3237
http://www.doujidaisya.co.jp/

写真集　1960年・三池

城台巖＋藤本正友＋池田益美／撮影　A5判変型　本体3,000円

1960年は、歴史的な安保闘争とともに三井鉱山が行った2千人余の「人員整理」と1200人余の労働者の首切り通告をめぐって、多くの人々が一年有余にわたって抵抗した「三池闘争」によって記憶された年だった。当時は珍しいカラー写真も含めて120枚の迫力ある作品群を収録

台湾処分　一九四五年

鈴木茂夫／著　四六判上製　本体2,900円

1944年―1946年春、台湾。ここで何が起こったのか。当時中学生であった著者が、自分自身の体験を下敷きに、埋もれていた資料と証言を収録して紡いだ長編セミ・ノンフィクション。李登輝前総統激賞！

「在日」の言葉

玄善允／著　四六判上製　本体2,000円

在日朝鮮人として育った著者が、その後出会った骨肉の言葉。その一つ一つに、町かどの人々の意志を見、息づかいを聞く。「ザイニチ」「在日」「在日コリアン」と揺らぐ呼称の隙間に見えるものは何だろう？

金石範と「火山島」

◆済洲島4・3事件と在日朝鮮文学

中村福治／著　A５判上製　本体2,800円

金石範のライフワークとして結実した一大長編小説である「火山島」を主として政治・社会的視点から論ずる意欲的試みである。

東京都の教員管理の研究

堀尾輝久・浦野東洋一／編著　四六判上製　本体2,800円

石原都政下の教員管理は、全国的な管理強化の流れを牽引する役割を果たしている。これまでそれはどのように展開されてきたか。それを教員と市民はどのように受けとめてきたか。豊富な実態調査をもとに解き明かし、今後の「学校と教員評価」のあり方を探り、教育行政変革の道筋を考える。

開かれた学校づくり

浦野東洋一／著　四六判上製　本体2,800円

「構造改革」路線全体のなかで教育改革が進められている。これに対抗し、著者が長年主張してきた「開かれた学校づくり」とはどういうことか。その理論を教育基本法の理念にかえって全面展開。さらに、その実践例として「土佐の教育改革」＝地域住民参加の学校づくりを紹介する。

これでいいのか教育改革

●学校再生のための12章

中島栄一／著　四六判上製　本体2,200円

新学習指導要領では〔学力低下〕は防げない。〔生きる力〕も育たない。「ゆとり教育」の是非、疑問点を徹底検証し、学校再生の道筋を明らかにする。教師と父母、必読の一冊。

日本古代史の南船北馬

室伏志畔／著　四六判並製　本体1,200円

日本古代史が東アジア民族移動史の一齣として語られる時代がついに来た。本書は、黒潮ロード（南船）を渡ってやってきた者たちと、玄界灘（北馬）を超えて北からやつて来た者たちが織りなす交点の中に、日本古代史をとらえ直そうとするものである。

白村江の戦いと大東亜戦争

室伏志畔／著　ブックレット　本体600円

藤原不比等「大和一元史観」の袋状のなかに1300年もの眠りに陥った共同幻想の脱構築を果たし、東アジア史を共有していく未来の歴史学へ連なるアプローチ。

風のよごれていない国　アイスランド

ソルザソン・美也子／著　四六判並製　本体1,600円

火山と氷河とオーロラの国アイスランド。北大西洋の真ん中にぽつんと浮かぶこの島は、遠い日本人の先祖たちの香りがするようです。魅力的な写真満載。

アジアの民話

キャシー・スパニョーリ／著　四六判並製　本体1,600円

18の地域に伝わる民話を、自然観、親子関係、友情、生活の知恵といった観点から紹介。30余編。

米軍「秘密」基地ミサワ
●核と情報戦の真実

東奥日報社会部・斉藤光政／編著　四六判並製　本体1,800円

三沢の米軍基地が核戦争に備えた秘密基地であったことを、動かぬ証拠で明かす。「資料を読み解き、地べたを這う記者の執念と挑戦」（軍事ジャーナリスト・前田哲男）で原稿は綴られた。これは調査報道の金字塔であり、感動のドラマだ。

沖縄で暮らしてみた
同時代社編集部／編　四六判並製　本体1,500円

「自分で選ぶ故郷があってもいいんじゃない？」移住者にも、「部分移住」者にも、リピーターにも。聞く、知る、生かす実用データブック。

【増補改訂】沖縄で暮らす!!　移住・滞在のすすめ
太田息吹／著　同時代社編集部／編　四六判並製　本体1,500円

沖縄へ移住した著者自身の体験をもとに、ガイドブックにはない、沖縄での「暮らしの情報」を知る実用ノンフィクション。沖縄移住人16名のインタビューを収録した増補改訂版！

沖縄入門
岩垂弘・比嘉康文／編　四六判並製　本体1,262円

「元気の素」発見！　初めて「沖縄体験」をする人のために。歴史、文化、社会、くらし、自然、基地、沖縄戦……、沖縄の魅力のすべて。立体的沖縄入門。

恵みの洪水　マゾン沿岸の生態と経済
ミハイル・ゴルディング他／著　Ａ５判上製　本体3,800円

危機にさらされたアマゾンの貴重な資源。文化人類学者たちによる長年の調査から見えてきたアマゾン復活の道筋とは。生態系の指標としての漁業に注目し、氾濫原の経済効果と多彩な有用生物の関係を明らかにする。120枚に及ぶ生物写真のＣＤ-Ｒ版を付録。

四万十　川漁師ものがたり
山崎　武／著　四六判並製　本体1,456円

ひとりの川漁師が描いた詩情あふれる生物誌。「四万十川の漁師は子どもの心を忘れず、川と遊ぶように生計をたてています。それがとてもよい暮らしに見えるのです」（立松和平）

西脇巽精神鑑定選集　全三巻
第一巻 飲酒酩酊編・第二巻 精神病編・第三巻 人格障害編

西脇巽／著　四六判上製　各本体4,800円

幼児多数殺傷、残虐事件等が続発するなかで司法精神鑑定が注目されはじめている。だが、その実態や心神喪失、心神耗弱の判断がどのように行われるのかあまり知られていない。警察、検察の双方から依頼された60件の鑑定体験の中から27件の

異議あり！「奇跡の詩人」
滝本太郎＋石井謙一郎／編著　四六判並製　本体1,300円

02/4/28放映のＮＨＫスペシャル『奇跡の詩人』によって、これまで子供の障害を受容してきた家族が、問題の多いドーマン法に懸けてみたり、周囲になぜドーマン法をしないのかと聞かれたり、心をかき乱されている。このような状況にほほかむりをきめるＮＨＫの罪深さを浮き彫りにする。

カツラ価格破壊
瀬尾寛司／著　四六判並製　本体1,300円

老若男女を問わず様々な理由でカツラを必要とする人は多いが、大手カツラメーカーのテレビコマーシャルなどの広告からは価格や構造は一切わからない。そんな閉ざされたカツラ業界の裏側を暴く。

誰も知らない円形脱毛症
ひどりがもの会・阿部更織／編　四六判並製　本体1,600円

ある日突然、髪が抜け落ちる円形脱毛症。その発症率は性別、年齢にかかわらず決して少なくない。またその症状も様々で、確固たる原因も医学的治療法もまだ解明されていない。本書は円脱患者の体験談を中心にその真実に迫る。

決定版「名薬」探訪
加藤三千尋／編著　Ａ５判並製　本体2,000円

全国各地の長年愛され続けてきた薬＝「名薬」の歴史を紐解くと非常にユニークで人間臭い。医薬品の国際化の中で大量生産される化学薬品が全般の現在、「名薬」の良さと役割を薬剤師の視点から見直し、再評価する。

〈こころ〉に劇的、漢方薬
益田総子／著　四六判並製　本体1,600円

心の不安が体調不良を引き起こすことがあるが、漢方で体調を良くできれば、問題を解決する元気もわく。そんな、「こころに劇的」な漢方薬治療を30のケースで紹介。

新装版 不思議に劇的、漢方薬
益田総子／著　四六判並製　本体1,600円

漢方医の著者が漢方の魅力をケーススタディで紹介。症例別の漢方処方。「証」のあったものならピタリと効く——。あなたの症状はどのケース？

新装版 やっぱり劇的、漢方薬
益田総子／著　四六判並製　本体1,600円

周囲から「認めてもらえない病気」ほどつらいことはない。好評を呼んだ前著『不思議に劇的、漢方薬』に続く姉妹編のための漢方薬案内。

料金受取人払

神田局承認

321

差出有効期間
平成17年6月
1日まで

郵便はがき

101-8791
007

千代田区西神田2-7-6
川合ビル3F

同時代社

営業部行き

お名前
ご住所(送り先)　〒 電　話

愛読者カード

このたびは弊社発行の出版物をお買い上げいただき、ありがとうございます。今後の企画の参考とさせていただきますのでお手数ですが、ご記入のうえお送りください。

書　名

本書についてのご感想をお聞かせください。また、今後の出版物についてのご意見などもお寄せください。

注文書　下記書籍注文いたします。

書　名	冊　数

弊社発行の出版物をご希望の場合、最寄りの書店にご注文いただくか、お急ぎの場合はこのハガキを投函ください。代金のお支払いは書籍同封の郵便振替用紙をご利用ください。(送料１冊310円、２冊以上無料)

同時代社ホームページアドレス　http://www.doujidaisya.co.jp/

『古事記』には、倭建命が足柄坂《あしがらのさか》に登り立ちて「あづまはや」（吾妻はや）と言った、「故《かれ》、其の国を号して阿豆麻《あづま》と謂ふ。」とある。『古事記』では、倭建命が走水《はしりみず》の海（浦賀水道）に身を沈めた弟橘比売命をしのんで「あづまはや」（吾妻はや、わが妻よ）と言った、とは記していない。そのように記すのは『日本書紀』のほうである。それでは、『古事記』の記述はどのようになっているか。

倭建命は荒ぶる蝦夷たちを言向《ことむ》け、山河の荒ぶる神たちを平和《やは》して還り上ってくる時、足柄の坂本に到った。そこで食事をしているところへその坂の神が白い鹿に化して来て立った。それで倭建命は食い残した蒜《ひる》の片端でもって待ち打つと、鹿の目に命中して打ち殺した。「故、其の坂に登り立ちて三たび嘆きて、阿豆麻波夜《あづまはや》と詔して云ひき。故、其の国を号して阿豆麻《あづま》と謂ふ。」となっている。

この文脈では、倭建命が白鹿を蒜で打ち殺したあと、なぜ足柄の坂に登り立って三たび嘆いて「あづまはや」と言ったか、理由が分からない。しかも、鹿を打ち殺したあと、「故《かれ》（ゆえに）」、坂の上に登り立ちて嘆いて「あづまはや」と言った、となっている。なぜ「故《かれ》」なのか。ますます分からない。

この個所については古田武彦の見事な分析がある。『神の運命』のなかで次のように言っている。白い鹿は足柄の坂の女神が化したものであり、足柄の坂本で食事を摂っていたのは坂の男神であった。この男神・女神は夫婦神であったが、男神は女神が鹿に化していることを知らずに、これを蒜で打ち殺した、蒜を鹿の目に命中させたのだった、鹿は死ぬと女神である本来のすがたを現わした、打ち殺した鹿がおのが女神であることを知り、「故《かれ》」（ゆえに）男神は二人の領《うしわ》く足柄の坂に登り立ちて、自分の行為と生き返ることのない妻の死とを深く歎いて「わが妻よ」（あづまはや）と言った、なお、蒜を鹿の目に中《あ》てて打ち殺したというのは、この男神女神の名を暗示している、すなわち女神の名は大《おお》ヒルメ貴《むち》であり、男神はヒルコ大神であった、ヒルコは記紀神話では不具の子として舟に乗せて流されるが、もとは日本列島の輝ける主神、日神であった、記紀神話はヒルコ大神を否定するために不具に生まれた子として舟に乗せて海に流したのである、と。

ところで、「故、其の国を号して阿豆麻《あづま》と謂ふ。」とこの個所はしめくくってあるが、「其の国」とは「あづまのくに」全体を指している。「あづまのくに」の範囲は指定していないが、周知のことであるゆえにわざわざ言わないだけである。この点からも、これが現地における「あづまのくに」地名起源神話（の一つ）であったことが分かる。

ともあれ、『古事記』では、倭建命が弟橘比売命を偲んで「吾妻はや」と言った、とは一言も述べられていない。

では弟橘比売命を偲んでそう言った、と記されている『日本書紀』の記述を見てみよう。

是《ここ》に日本武尊曰く、「蝦夷の凶首、咸《みな》其の辜《つみ》に伏す。唯だ信濃国・越国のみ、未だ化に従はず。」と。即ち甲斐より北のかた、武蔵・上野を転歴して、西のかた碓日坂《うすひのさか》に逮《いた》る。時に日本武尊、毎《つね》に弟橘媛を顧る情有り。故に碓日嶺《うすひのみね》に登りて、東南を望みて三たび歎きて曰く、「吾嬬はや。」と。嬬、此を菟摩《つま》と云ふ。故に因りて山の東の諸国を号して吾嬬国と曰ふ。

ここでは、日本武尊が碓日嶺に登って東南を望み「吾嬬はや」(わが妻よ)と言ったので山(碓日嶺)より東の諸国を号して吾嬬国と言う、としている。

ヤマトタケル説話は各地のさまざまな伝承を切り貼りしてつなぎ合わせたものだ、と言われているが、この碓日嶺の部分も現地伝承をもとにしている、という。たとえば、古田武彦、小椋一葉は群馬県吾妻郡の伝承だった、としている。

古田武彦の紹介する現地伝承はこうだ。JR吾妻線の群馬原町駅で降りると大宮巌鼓《いわつつみ》神社があり、大宮巌鼓大明神という女神がいる、母は吾妻姫で父は日本武尊とされているが、日本武尊というのは後世の仮託で、もとは巌包《いわつつむ》大明神だった、その巌包大明神が妻の吾妻姫(四阿山《あづまやさん》またの名吾妻《あがつま》山の女神)にむかって鳥居峠で「吾妻はや」と言った、吾妻姫を妻とする北群馬の神がなぜ鳥居峠を越えたか、といえば、信州で神々の大集合があり、それに向かったのだ、とする。そういう現地の神話を取り込んで日本武尊説話の一挿話とした、さらに現地の人が言うには、鳥居峠はもとの碓氷峠(碓日嶺)である、その点からもこの説話が吾妻郡に伝わっていた伝承を切り取って日本武尊説話の一部として嵌め込んだことは明瞭である。以上のように言う。(『多元』第二十二号、一九九七。「古田武彦・自己を語る」インタビュー後の談話、一九九〇。)

小椋一葉《かずは》は次のような紹介をしている。こうだ。北群馬郡子持《こもち》村の子持神社の社伝には、神社の所在地は古くは笄山《たけべらやま》と称したのだが、それは皇妃吾妻姫（豊城入彦の娘）が妊娠して、この山で皇子（巌鼓王）を生んだ、そのとき神代の遺風で竹べらをもって臍の緒を切り、その竹刀《へら》を捨てたところに竹林が生じたことによる、それで笄山と言った、と記されている、また、大宮巌鼓神社の由緒伝説には、日本武尊東征のおり、上妻《かみつま》姫とのあいだに巌鼓王子誕生、王子により吾妻地方の開拓、村造りが大いに進められた、とある、上妻姫は吾妻姫とも言う。以上のような紹介をしている。

小椋一葉のほうは、この伝承のとおり日本武尊と吾妻姫とのあいだに恋物語があった、とする立場である。そして、吾妻姫の名が消され弟橘姫を偲んだ物語として換骨奪胎されて『日本書紀』に記された、と考えている。

いずれにせよ、群馬県吾妻地方の開拓神あるいは開拓の王者は「巌鼓」という名をもっていたことをうかがわせる。

これらの説の当否は分からないが、ヤマトタケルの物語が各地の神話・伝承の継ぎはぎによって成り立っていることは言えるだろう。

なお、『日本書紀』で日本武尊が「吾嬬はや」と言った個所をもう一度記すと、こうだ。

故に碓日嶺に登りて、東南を望みて三たび歎きて曰く、「吾嬬はや」と。嬬、此を菟摩《つま》と云ふ。
故に因りて山の東の諸国を号して吾嬬国と曰ふ。

嬬は菟摩と云ふ、とあるゆえに、「吾嬬はや」は「あづまはや」と訓むと思い込んでいるが、「あがつまはや」と訓むのがよいのかもしれない。少なくとも、本来は「あがつまはや」だったのかもしれない。『古事記』でははっきりと「阿豆麻波夜《あづまはや》」と訓みを指定しているし、『日本書紀』のほうも、それゆえ山東の諸国を吾嬬国と曰う、としており、東国を「あがつまのくに」と言うことはないので、「吾嬬はや」は当然のように「あづまはや」と訓んできたわけだ。しかし、吾妻郡は今も「あがつま」郡だし、『角川日本地名大辞典10　群馬県』「吾妻郡」の項によれば、「吾妻郡」が大宝律令制定時に決められていたなら「あかつま」という名はそれ以前からあったであろう、ということであり、また、『和名抄』でも『延喜式』でも「あかつま」になっている、という。

したがって、吾妻郡に伝わる吾妻姫の伝承に「吾嬬はや」と言う場面があったとすれば、それは「あがつまはや」と訓まれていたにちがいない。

四　吾妻姫《あがつまひめ》・愛比売《えひめ》・大宜都比売《おおげつひめ》神話

ところで、「吾嬬国（我姫国）」ははじめは「国」がなくて、『古事記』の記すように「あづま」とのみ呼んでいたはずである。『古事記』の国生み神話を見ると、国の名に神の名を付けていた時代のあったことを知る。愛比売とか飯依比古、白日別などというのであり、「あづま」もその一つと考えられるからだ。たとえば四国を見てみる。

次に伊予の二名島を生む。此の島は身一つにして面《おも》四つ有り。面毎《ごと》に名有り。故《かれ》、伊予国を愛《え》比売《ひめ》と謂ふ。讃岐国を飯依比古《いひよりひこ》と謂ふ。粟国を大宜都比売《おほげつひめ》と謂ふ。土佐国を建依別《たけよりわけ》と謂ふ。

伊予国を愛比売と謂ふ、としているが、ここは現在も愛媛県だ。愛比売も飯依比古も大宜都比売も建依別もみな神の名である。因みに大宜都比売はこの国生み神話のあと、食物神として出てくる。すなわち、大宜都比売が鼻、口をはじめ尻からさえも種々の味わい物を取り出して種々に作り具えて進める時、速須佐之男命は立ちてその態《わざ》を伺いて、穢して進めた、としてこれを殺してしまう、その殺された神の身に生る《な》物は、頭に蚕生り、二つの目に稲種生り、二つの耳に粟生り、鼻に小豆生り、陰《ほと》に麦生り、尻に大豆生る、そこで神産巣日御祖命《かむむすびのみおやのみこと》は命じてこれを取らせて種と成した、とある。

速須佐之男命に大宜都比売は殺されて、その死体から種々の農作物また蚕が生まれた、とあり、農作物、蚕を生んだのは偉大なることであるのに、神としての輝かしさは感じさせない記述になっている。しかし、もとは偉大な輝ける食物生成神あるいは農業創成神であったはずだ。大宜（気）都比売という名の意味も、大いなる食《け》（食物）の女神、という格調高いものだ。また、粟国（阿波国）を大宜都比売と謂ふ、とあるのは、そこが粟を主作物とする農業化をいち早く推進した当時

（縄文時代晩期あるいは弥生時代初期）の先進地域であったからにちがいない。それゆえに粟国の名をもったのだろう。

粟国には大宜都比売神話があったはずだ。そして、それは大宜都比売が死してその死体から種々の農作物が生じたという神話であったとしても、『古事記』のような穢らしい大宜都比売といった記述ではなく、粟国の輝ける主神にふさわしい神々しさにみちた内容であったろう。

大宜都比売神話が農業導入の時代に作られたものであるとすれば、のちの粟国を大宜都比売と言いはじめたのも、おのずと縄文時代晩期あるいは弥生時代初期という時間帯になるだろう。ともあれ、そこに農業が大々的に導入された時代である。

では、愛比売とはどんな意味の名か。

伊邪那岐命と伊邪那美命とがたがいに相手を「あなにやし愛《え》をとめを」、「あなにやし愛《え》をとこを」（『日本書紀』では「あなにゑや」）と言い合ったあと「御合《みあひ》」をする、という場面が記紀の神代巻に出てくる。「あなにやし」（あなにゑや）は「ああなんと」とか「ああまったく」とかの意味だ。したがって、「ああなんといとしい女よ」、「ああなんといとしい男よ」と二人は言い合ったことになる。

「愛をとめを」は「吾嬬はや」と同じようにおのが愛する女神なり妻なりに喚びかけた言葉だ。愛比売は固有名詞で、「すばらしい女神」とか「いとしい女性」といった意味をもつが、「愛をとめを」とか「吾嬬はや」というのと同様に、男性神（夫《せ》の神）から「愛比売よ」（愛比売を、愛比売はや）と喚びかけられる場面の神話をもっていたことだろう。そういう神話をともなって愛比売という国名になっているはずだ。つまり、愛比売という主神をめぐる国家（国名）起源神話があったはずだ。

すると、翻って、吾嬬（吾妻、我姫、あづま、あがつま）というのも、吾嬬あるいは吾嬬比売という中心的女神をめぐる神話があり、そこからつけられた国名ということになろう。伊予国を愛比売、粟国を大宜都比売と言ったのと同じように古い時間帯の命名のしかたである。、

吾嬬（吾妻、我姫）のばあいは、しかし、四国や九州と異なって、ずっとのちまでこの国名がつづいたことになる。『常陸国風土記』の総記部分によれば、「難波長柄豊前大宮臨軒天皇」の世にはじめて「我姫之道《あづまのみち》」が分かれて常陸国など八国になった、とある。したがって、吾嬬国（吾妻国、我姫国）には九州や四国とは異なった時間が流れていたことになる。言葉を変えれば、別の文化圏、政治圏、制度圏であった、ということだ。

五　久慈国の「朝《みかど》」

久慈郡の条に、立速日男命、一名速経和気命という天神が人々の大小便による穢れを怒って災いをなすので、人々は困り「朝《みかど》」に訴えて東の大山、賀毗礼《かびれ》の高峰に移ってもらうことになった、と記す個所がある。こうだ。

東の大山、賀毗礼の高峰と謂ふ。即ち天神有り。名を立速日男命《たちはやひをのみこと》と称す。一名速経和気命《はやふわけのみこと》。本《もと》、天より降り、即ち松沢の松樹の八俣の上に坐《いま》す。神の崇り甚だ厳なり。人有りて向かひて大小便を行《ま》る時、灾《わざわひ》を示し疾苦を致せば、近側《ちかく》に居《す》む人、毎《つね》に甚だ辛苦し、状を具《の》べ朝《みかど》に請ふ。片岡大連を遣はし敬祭して祈《の》みて曰はしむ、今、此処に坐《いま》せば、百姓近くに家《いへゐ》して朝夕穢臭《けがらは》し、坐《いま》すべからず、宜しく避け移り高山の浄境に鎮るべし、と。是《ここ》に神禱告《ねきごと》を聴き、遂に賀毗礼の峰に登る。

ここで最大の問題は「朝《みかど》」である。「朝」とはどこを指すか。ふつうに考えれば、大和朝廷ということになろう。しかし、そうか。常陸国久慈郡あたりの人が、民の大小便の穢れに怒り祟りをなす神に困って訴えに行く先が大和朝廷である、というのは非現実的だ。

では、我姫国《あづま》（吾妻国）の「朝廷」（どこにあったかは別として。また、朝廷は大和朝廷一つであったとは限らない。）と考えるのはどうか。しかし、これもいまひとつ現実感に欠ける。

それならば、久慈郡の「朝」と考えてみるのはどうか。しかし、久慈郡の「朝」などというのがありうるか。総記部分にこうある。

古は相模《さがむ》国足柄岳坂より以東の諸県は惣《すべ》て我姫国と称す。是の当時、常陸とは言はず、唯、新治・筑波・茨城・那賀・久慈・多珂の国と称し、各《おのおの》に造・別を遣はし検挍せしむ。

まだ久慈郡が久慈国であった時の、すなわち我姫国のなかの小さな一国であった時代の久慈国の「朝」をここは指している、と考えたい。立速日男命は天神である、とされているので、ここの個所は歴史時代ではなく神話時代の内容である、と言えよう。

では、民の訴えた先が久慈国の「朝」であった、とする根拠はなにか。

尾崎喜左雄『群馬の地名』〈上〉によると、「御門《みかど》という地名は群馬県では七例もあって、それも郡ごとに一例ずつある。まださがしあたらないのが七郡になるのだが、天皇に直接関係のある地とは思えない。」とのことだ。群馬県は十四の郡があったので、十四の「御門」があるはずだ、と考えているわけだ。有名な多胡碑があるのも「大字池字御門」の地である。『群馬の地名』〈上〉から引く。

もう一つは多胡碑のある多野郡大字池字御門である。多胡碑は多胡郡があたらしくつくられた記念の碑であり、甘楽《かんら》郡からその東部の四郷をさき、ほかに東につづいた緑野《みどの》郡及び片岡郡から各一郷をさいて、合わせて六郷を郡として、多胡郡と名づけた。

その甘楽郡からの郷のうち「大家《おおやけ》」というのがある。甘楽は「から」（韓、伽羅）の地方を郡としたもので、そこの支配者のいたのが「おおやけ」の地である。多胡郡がつくられるについて、そこが新郡の中に入れられてしまった。その大家郷が吉井町大字池にあたるのである。そこの「御門」の地に多胡碑が存在している。甘楽地方を支配していたものがいた土地に、新郡の記念碑ができている。（略）

これらの「御門」をあつめてみると、全く「郡衙（郡役所）」のあった地と考えざるをえない。

尾崎喜左雄によると、「御門」地名のある近くには必ず古墳があり、また、寺院跡や大宮神社があったりする。つまり、その土地の権力所在地であった模様が色濃く現われていることになる。

そして、「郡」以前の「国」段階において、「国庁」はすでに「御門」（朝）と呼ばれていたのであろう。多胡碑のある「字御門」も多胡郡が新しく設けられる以前の「甘楽国」時代の「国庁」として「御門」（朝）があったことに由来する、と考えられる。

尾崎喜左雄は甘楽郡の支配者がいた「大家」郷が吉井町大字池に当たるとしている。甘楽郡よりも古く「甘楽国」段階でその地は「大家」（公）であったはずであり、その大家のなかにさらに御門があった、と考えられる。

立速日男命が民の大小便の穢れを避けて賀毗礼の高峯に移ったというこの物語は、久慈国時代の久慈国の範囲内での神話である。小さな領域における神話だ。それゆえに賀毗礼の高峯が「東の大山」と記されている。賀毗礼の高峯は日立市入四間《いりしけん》町の御岩山を指し、標高四九二メートルだから、今の感覚だと「大山」ではない。むしろ「小山」だ。しかし、久慈国のなかで言えば「大山」となる。

さて、立速日男命のなす祟りに困じた民は、「朝《みかど》」すなわち久慈国に祟りに辛苦している状を申し述べた。すると、「朝」は片岡大連を遣はして立速日男命を敬祭し祈り曰わせた。

さらにここでは「片岡大連」というのが問題となる。大連といえば大伴や物部が任じられて平群・許勢・蘇我などの大臣と並んで大和朝廷の最高執政官となったことを思い浮かべるわけだが、ここでは久慈国という小さな「朝」から派遣された「大連」である。

長幡部神社

すると、我姫国のなかなる久慈国は身分制（姓《かばね》制）をもっており、その身分（姓）のなかに「大連」があり、おそらく「連《むらじ》」もあったことだろう。このばあい、「連」とは村主《むらあるじ》といった意味であったかもしれない。「大連」は大村主だ。『国史大辞典』では、「連」とは「群主（むれあるじ）」の意ともいう、とも記してある。いずれにしても小さな久慈国内部における「おほむらじ」（大連）である。

『古事記』開化天皇（崇神天皇の一代前）の条に、「神大根王《かむおおねのみこ》は三野国の本巣《もとす》国造、長幡部連《ながはたべのむらじ》の祖。」

とある。そして『常陸国風土記』の同じ久慈郡、「長幡部社」について記した条に「美麻貴天皇の世に及び、長幡部の遠祖多弖命《たて》、三野より避りて久慈に遷り、機殿を造り立てて初めて織る。」とある。「長幡部連」が三野国においてすでに「連」であったか、それとも久慈国に遷って「連」の姓を授けられたかは分からないが、ともかく久慈国においても「長幡部連」であったことは確かであろう。したがって、久慈国に「片岡大連」がいてもおかしくない。

久慈国にも同じように「朝《みかど》」があり、「大連」「連」として断片的に残っている独自の姓制度があったことになる。

同じ久慈郡の条に「朝命」という語も出てくる。河内里の個所だ。

郡より西北六里、河内里。本、古古《ここ》の邑《むら》と、名づく。俗説に猿声を謂ひて古古と為す（略）有る所の土、色は青紺の如し。画に用ゐるに麗し。俗に阿乎爾《あをに》と云ひ、或は加支川爾《かきつに》と云ふ。時に朝命に随ひて取りて進納す。謂はゆる久慈河の濫觴、猿声《ここ》より出づ。〈以下略之〉

河内里の条は、立速日男命の出てくる薩都《さつ》里の条よりも前にある。同じ久慈郡の条で「朝命」と「朝」と出てきて、しかも何々天皇の世などと時代を特定しない書き方を両方ともしている。したがって、「朝《みかど》」は久慈国の「朝」であり、その「朝」の命令が「朝命」である、と見るのが自然だ。すなわち、画に用いると麗しい青紺のような色の土を取って進納した先は久慈国の「朝」だったことなる。

行方郡麻生里の条にも「朝廷」という表現が出てくる。

麻生里《あさふのさと》。古昔、麻、渚沐《なぎさ》の涯《きし》に生ひき。囲《かく》み大竹の如し、長さ一丈に余れり。里を周りて山有り。椎・栗・槻・櫟生《いちひ》ひ、猪・猴《さる》栖《す》住めり。其の野、蔚馬《すじうま》を出だす。飛鳥浄御原大宮臨軒天皇の世、同郡大生里、建部袁許呂命《たけべのをころのみこと》、此の馬を得、朝廷に献ず。謂はゆる行方の馬なり。或《あるい》は茨城の馬と言ふは非なり。

「蔚馬」というのがよく分からないが(「すぢうま」と読むのかどうかも分からない)、筋力の強い良馬か、と思う。そういう野生の馬が麻生里の野にはいたのだろう。そして、「行方の馬」として有名だった。ただし、それを茨城の馬と言うのは違う、とする。それを建部袁許呂命が手に入れて「朝廷」に献上した。この「朝廷」はどこの朝廷か。我姫国の朝廷であろう。「行方の馬」とか「茨城の馬」と言うだけで通じる範囲にある朝廷に違いない。また、ここは、我姫国の下に新治国とか茨城国とかがあって、そこに我姫国から造・別を遣わしていた、という総記部分を受けての表現である。大芝英雄「『常陸国風土記』を貫く「民間伝承と民間神話」」(『常陸国風土記の探究』所収)を読むと同じ説を出しており、「奈良の朝廷への献上であれば、「我姫の馬」とするのが適切であろう。」としている。その通りだ。(ただし、久慈郡の条の「朝」「朝命」をも大芝英雄は我姫国の朝廷のことだとするが、そこは見解を異にする。）

六　倭武天皇は我姫国の天皇だった

『常陸国風土記』冒頭の総記部分に古老の言葉として次のようにある。

古へ、相模国足柄岳坂《やまざか》より以東を惣て我姫国《あづまのくに》と称す。是の当時、常陸とは言はず、唯だ新治・筑波・茨城・那賀・久慈・多珂の国とのみ称す。各《おのおの》に造・別を遣はして撿挍せしむ。……。

相模国足柄岳坂より東の地域が我姫国と称せされ、一つの統一的政治圏・文化圏であったことが分かる。また、新治から多珂までのそれぞれの「国」に「造・別」を遣わして撿挍させていた主体は我姫国である、と読める。

したがって、たとえば、新治郡の条に、東夷の荒賊を平討せむ為に新治国造の祖、比奈良珠命を遣わした、とあるのも「我姫国」が遣わしたのであるし、総記部分に、倭武天皇が東夷の国を巡狩し新治の県を幸過したとき、遣わせる国造毗那良珠命《ひならすのみこと》が新たに井を掘らせた、とあるのも「我姫国」が遣わしたのである。すると、倭武天皇は「我姫国」の「天皇」であり、倭武天皇その人が毗那良珠命を遣わした、とするのが自然の理解だ、と言うべきであろう。論理的にそうなってしまう。

しかも、総記部分でも新治郡の条でも、ヒナラスノミコトは井戸を掘っている。そして、そのことが総記部分では常陸国の国名の由来となったと記されてあり、新治郡の条では新治という「郡号」の由来である、と記される。したがって、総記部分と新治郡の条とのヒナラスノミコトは漢字表記は異なっていても同一人物を指す、と考えるのが自然だろう。ヒナラスノミコトの「荒賊平討」があって、そのあとで倭武天皇がその成果を視察するために巡狩した、という順序だろう。

『常陸国風土記』が新治郡から始まっているのも、この地方が「我姫国」の「都」に最も近い土地であるゆえだ、とも考えられよう。毛野国の方面から見ると、常陸国の方面はまさしく「東」であり、常陸国地方を東夷（国）と呼ぶのは、方角的に妥当である。

倭武天皇については、旧説ではヤマトタケルノミコトを指すとされ、そのようにも訓まれてきた。それに対し、古田武彦は九州王朝の倭王武（『宋書』に上表文が載せられている、倭の五王の一人、倭王武）である可能性が高い、という説を立てた。もっとも、古田武彦は倭武天皇が東国の権力者である可能性もある、と一応の留保をつけているが、古田説ということになるなら、やはり宋に上表文を送った九州王朝の倭王武、という説になろう。

それらに対し、大芝英雄は「『常陸国風土記』を貫く「民間伝承と民間神話」」のなかで、記紀の崇神天皇の条に出てくる豊木入日子命《とよきいりひこのみこと》（『日本書紀』では豊城入彦命）と見るのが妥当だ、とする。豊木入日子命（豊城入彦命）は「上毛野・下毛野君等の祖」である、とされ、東国統治を任された、とある。

大芝英雄の論拠はこうだ。『常陸国風土記』に出てくる倭武天皇の行動は、1井泉など水に関するもの（用水の開拓、殖産）、2地名由来、巡遊に関するもの（地名命名、行政区画）、3懲悪に関するもの（公害抑制）、の三つに類別され、総合すると、「公共事業的であり、国土開発とも受け取れる。」と言う。それに反し、倭建命《やまとたける》でも九州王朝の倭王武でも「東国を駆け抜けた一過性に過ぎない一軍」の印象があり、古老の相伝として定着するものではなかった、とする。うなづける。

さらに大芝英雄によれば、倭武天皇とは東国地方民が畏敬をもって呼称した地元開拓指導者への尊称であり、「倭より来た勇壮な王」という意味の普通名詞だったという。ここでの「倭」とは九州王朝の倭国である。なお、倭武天皇の拠点については次のように言う。

トヨキ命の東国進出の拠点は、埼玉県東部と隣接する栃木県南部の地にあったと思われる。この旧赤麻沼北岸（渡良瀬遊水池）を中心とする付近には、『記・紀』王族の伝承古墳・祭祀遺跡が集中する。前期古墳群も直線距離20kmの埼玉古墳群に連なる。上毛野・下毛野に分ける以前の「毛野国」の基地（都）は、この要めの位置に当る。

私見では、この地域に「倭武天皇を擁する東国倭分王朝」と名乗る勢力が存在したと考える。

論拠は異なっているが、倭武天皇が我姫国の天皇（王者）である、という到達点は同じである。ただし、大芝英雄が倭武天皇を「倭より来た勇壮な王」という意味の普通名詞だ、とする点については見解が異なる。倭武天皇は固有名詞である。根拠はこうだ。香島郡の条に「倭武天皇の世」とある。もし倭武天皇が普通名詞であったなら、そういう時代指定のしかたは無意味になる。倭武天皇が固有名詞でないかぎり、「倭武天皇の世」という言い方は成立不可能だ。引用してみる。

古老曰く、倭武天皇の世、天の大神、中臣巨狭山命《なかとみのおほのさやまのみこと》に宣りたまひしく、今、社の御舟、と。巨狭山命答へて曰く、謹みて大命を承りぬ、敢へて辞《いな》む所無し、と。……

こうして倭武天皇は我姫国の実在した天皇である、ということになる。「我姫国に天皇あり」である。

ところで、前沢輝政『下野の古代史』〈上〉〈下〉を読むと、たしかに旧赤麻沼《あかまぬま》北岸を中心とする一帯には豊城入彦命、建沼河別命《たけぬかうわけのみこと》（武渟河別命）、彦狭島王《ひこさしまのみこ》、御諸別王《みもろわけのみこ》、赤麻呂君《あかまろのきみ》（御諸別王の弟とされる）、さらに倭建命、黒坂命などの伝承地たる古墳や神社が密集していることが分かる。たとえば、こうだ。引用する。

渡良瀬川を下ってまず北岸に吾妻車塚古墳があり、つぎの地点は安蘇《あそ》地方の中心地となったとみられる馬門の地である。ここは倭健命と御諸別王の伝承をもつ浅田神社があり、すでに破壊煙滅したが古式の古墳（愛宕塚）があり、また対岸の西岡には、御諸別王が祀ったという西丘神社

大前神社（増田修氏提供）

や三角縁神獣鏡が出土した赤城塚古墳がある。馬門の西北には彦狭島王の伝承をもつ赤城神社があり、その北、堀米には彦狭島王の陵墓といわれる八幡山古墳（五世紀か）がある。（略）

馬門から東へ三・四キロ、渡良瀬川をくだった北岸あたりが、三鴨の地である。三鴨の御陵台は御諸別王が豊城命に東征の成就せんことを祈ったところであるといい、その北の伊勢山古墳（四・五世紀か）は豊城命の陵墓であるという。甲より東南の台地─磯城宮（大前神社）は東国にくだった四道将軍の一人武渟川別命が駐在し、御諸別王もまた住したところであるという。磯城宮の東九百メートルにある宇都宮神社は、上下二国に分かれる以前の毛野国の中心の神社で、下野国一の宮である二荒山《ふたらさん》神社（宇都宮市）の祖社であるという。そしてここより東南二キロの赤麻沼北岸の地に豊城命の後裔赤麻呂君が住したといい、前期古墳と考えられる赤麻愛宕塚古墳はその陵墓であるといわれる。そしてまた、前期古墳とみられる山王寺大桝塚《さんのうじおおますづか》古墳の東南、指呼の間にあるのが崇神天皇の代に創建されたという胸形神社である。

この引用中に出ている磯城宮《しきのみや》（大前神社《おおさきじんじゃ》）は、古田武彦が埼玉県稲荷山古墳出土の鉄剣銘文に出てくる「斯鬼宮《しきのみや》」とはここだ、と論じて一躍有名になった栃木県藤岡町の神社である。古田武彦が大前神社のあるところが磯城宮という地名であることを知ったのも、この『下野の古代史』による。この大前神社は「東国にくだった四道将軍の一人武渟川別命が駐在し、御諸別王もまた住したところであるという。」と『下野の古代史』は記す。

大前神社境内の昭和六十三年建立の石碑には、神社の住所を「下都賀郡藤岡町大字大前字磯城宮三八三番地」とし、さらに近くには「字天国府《てんこふ》、字国造、字坊城などの地名もあり」と記している。「字天国府」という地名がとくに気にかかった。

ところが、もし我姫国が大芝英雄の言うように「東国倭分王朝」であり、倭武天皇という名が固有名詞であるとしても「倭より来た勇壮な王」という意味をもつとしたら、「天国府」という字名も説明がつくことになる。「天国《あま》」とは九州王朝（倭国）を指すのであり、我姫国が東国におけるその「分王朝」であるとすれば、「天国府」という地名が大前神社＝磯城宮の近くにあるのも説明できることになる。

さて、「我姫国に天皇あり」から何が引き出せるか。『常陸国風土記』に出てくるもう一人の天皇すなわち大足日子天皇も我姫国の天皇ではないか、という視点だ。大足日子天皇はふつう景行天皇とされている。大帯日子淤斯呂和気《おしろわけ》天皇（『書紀』では大足彦忍代別天皇）が景行天皇だからである。しかし、景行天皇が常陸国に現れるべきいわれはどこにもない。大足日子天皇を景行だとするのは自然でない。地元の天皇でなければ落着かない。では、大足日子天皇は『常陸国風土記』にどのように登場しているか。登場するのは二回だ。

郡の北十里、碓井《うすゐ》あり。古老曰く、大足日（子）天皇、浮島の帳宮《かりみや》に幸するに、水の供御《くご》無し。即ち卜者を遣はし占訪《うらと》はせて所々を穿《ほ》らしむ。今、雄栗《おぐり》の村に存す。（信太郡）

郡の南二十里、香澄里《かすみのさと》あり。古伝に曰く、大足日子天皇、下総国印波《いなみ》の鳥見丘《とみのをか》に登り坐《ま》し、留連し（とどまり）遙望して、東を顧みて勅して曰く、海は即ち青波浩行し（ただよひ）、陸《くが》は是れ丹霞空朦たり、国其の中より朕の目に見ゆ、といへり。時の人、是に由り、霞郷と謂ふ、と。（行方郡）

堂々たる関東の「天皇」（王者）ぶりである。

『常陸国風土記』は「何々天皇の世」と記紀の天皇名を出していつの時代の出来事かを示すやり方をしているが、倭武天皇と大足日子天皇の二人は行為・事績を記されている。

こうして我姫国の天皇二人の名が浮上した。

そして、我姫国に天皇がいたということは、他の国（王朝）にも同じように「天皇」のいた可能性の大きいことを示唆する。さらに、それぞれの国が独自の行政制度、位階制度などをもっていたという推察にもみちびく。

「我姫国に天皇あり」という視点はかくして古代の日本を見る眼を一挙に新たにするものとなる。

第六章 「新撰姓氏録」の証言

三宅利喜男

「歴史は万人のものである」――これは若くして急逝した芥川賞作家野呂邦暢氏の残した言葉である。

戦前の日本は歴史は権力の側にあり、国民には権力に都合の良い歴史のみを教えていた。（皇太子の教育にあたった白鳥庫吉は白村江敗戦を教えていたが、国定教科書のような一般学童にはカットされ、有史以来不敗と教えられていた。）元寇の役は、神国だから神風に守られた（森前総理はいまだに神の国と思っている）と教え込まれた。

昭和一三年の旧制中学の入試は特異なもので（国史一科目のみ）、学童には小学五、六年にわたり、楠木正成の湊川での戦死の際にのべた七生報国（七度《ななたび》生まれて朝敵を滅さん）を教師は講釈師さながらに喧伝した。歴史の偏《かたよ》った教育が特攻隊を生む素地を作った。ここにとりあげる「新撰姓氏録」は平安時代初頭の畿内氏族のルーツを書いた本で、当時の諸氏族が時代の中で、どのように考え、どのように主張したかを見ることによって、歴史の造作や、矛盾を見つけてみたい。

一　はじめに

一一八二氏、これは「新撰姓氏録」に記録された畿内（京・山城・摂津・河内・和泉の地域）氏族の総数である。神別（神代からの神々の子孫）・皇別（天皇の皇子からの子孫）・諸蕃（外国からの渡来人の子孫）の氏族に分けられている。始め嵯峨天皇の弘仁五年六月一日に、神別・皇別・諸蕃と時代順に書かれていたが、現存する「新撰姓氏録」は弘仁六年七月二〇日、皇別を巻頭に順序をかえて、（皇別・神別・諸蕃の順に）萬多親王と藤原朝臣園人・藤原朝臣緒嗣・阿倍朝臣眞勝・三原朝臣弟平・上毛野朝臣穎人等により撰上された。（大外記〔実際の編集者〕上毛野穎人については後述）

皇別氏族は、日本紀合・漏と「日本書紀」と同時に撰上された系図一巻との校合がある。藤原不比等以来、権力の中枢にあった藤原氏は神別種族（天兒屋根命の後裔）として神別欄のトップに書かれている。（津速魂命《つはやむすび》―藤原氏により造作された神―神別の項後述）五年の書では巻頭に書かれていたはずである。皇別が巻頭である現存姓氏録には不満であり、五年後の弘仁一一年撰上の「弘仁格式」制定迄に系図一巻は、藤原氏により失われたのではという研究がある。

「新撰姓氏録」序文には、蘇我氏滅亡時に火中より船氏恵尺が、焼ける「国記」をとり出し、天智天皇に奉ったと書かれている。「国記」に書かれていた姓氏を旧として、この姓氏録を新撰と書く理由とする研究者もある。古賀達也は九州王朝の倭の五王遷都にあたり作られた姓氏録を旧とし、讃以下五王（大和では仁徳―武烈の同時代子孫零―後述）の子孫零が説明出来るとする。「新撰姓氏録」の従来からの研究は、考証がほとんどで、氏族側の視点とか、九州王朝説からの研究は全く無い。

二　撰上の時代（薬子の乱と平城陵）

「新撰姓氏録」撰上時の嵯峨天皇は、平安京遷都しての三代目である。父の桓武天皇の頃から氏族本系帳等を提出させて、準備を進めていたが京畿の民の半数しか回収出来なかったと序文はのべている。しかし有力氏族は頭をそろえており一七年かけてやっと完成した。桓武の次に皇位についた兄の平城天皇は病身で、新年の儀式さえ出られぬため、三年で弟の嵯峨に譲位して上皇となった。しかし色事は別で皇子時代から藤原縄主の妻薬子とその娘を妾として、祝詞にいう「母と娘を犯す罪」を天皇みずから実行していた。

譲位した上皇は、薬子と兄仲成等の唆かしにより、奈良寺院と結び（薬子は天皇の妾であった頃の権勢が忘れられず）、平城京（奈良）への還都と天皇復位をはかる。

嵯峨天皇は、坂上田村麻呂を大納言に起用し、仲成、薬子の追討を命じる。仲成は射殺され、薬子は自殺した。平城上皇は頭を丸めて奈良の不退寺で謹慎、その地で死んだ。六歌仙の一人で有名な在原業平はその孫である。（薬子の乱では多入鹿がとばっちりをうけて左遷されている）『古事記』偽書説にからむ多人長と共に多氏は「新撰姓氏録」の万多親王や編者達と対立して行く。

現平城天皇陵は市庭古墳（佐紀盾列のウワナベ・コナベより古い二五〇米の大前方後円墳――平城建都で削平された全国一四位の古墳）の後円部のリサイクルである（平城陵は中世に一時、現在の仁徳后磐之媛陵に比定されていたことがある）。平城京建都では市庭のほか、神明野古墳が削平され、藤原京建都では四条古墳が、長岡京建都では今里車塚古墳が消されている。当時の天皇家は佐紀盾別ウワナベ・コナベに先行する市庭古墳（大王墓クラス）等は関心の外にあった様である。天皇陵研究について考古学者は、延長五年（九二七年）の「延喜式」の陵墓記録を基本としている。『日本書紀』『古事記』にも各天皇葬地を書いているが、九州の岩戸山古墳（磐井の墓）・摂津の今城塚（継体陵）以外は被葬者は闇の中である。記・紀、「延喜式」記載の天皇葬地も、江戸・明治の皇陵治定と五十歩百歩で信頼出来ない。

三　藤原系図と源氏・平氏

1　藤原氏は不比等の権力確立後、広嗣の乱・仲麻呂の乱・薬子の乱と次々に権力を失う恐れのある事件を起しているが、不比等の四人の子が四家（南・北・式・京）に分かれて事件を起こさなかった北家を本流として生きのびる（系図1）。中世からは西園寺・近衛と名をかえて天皇家とか

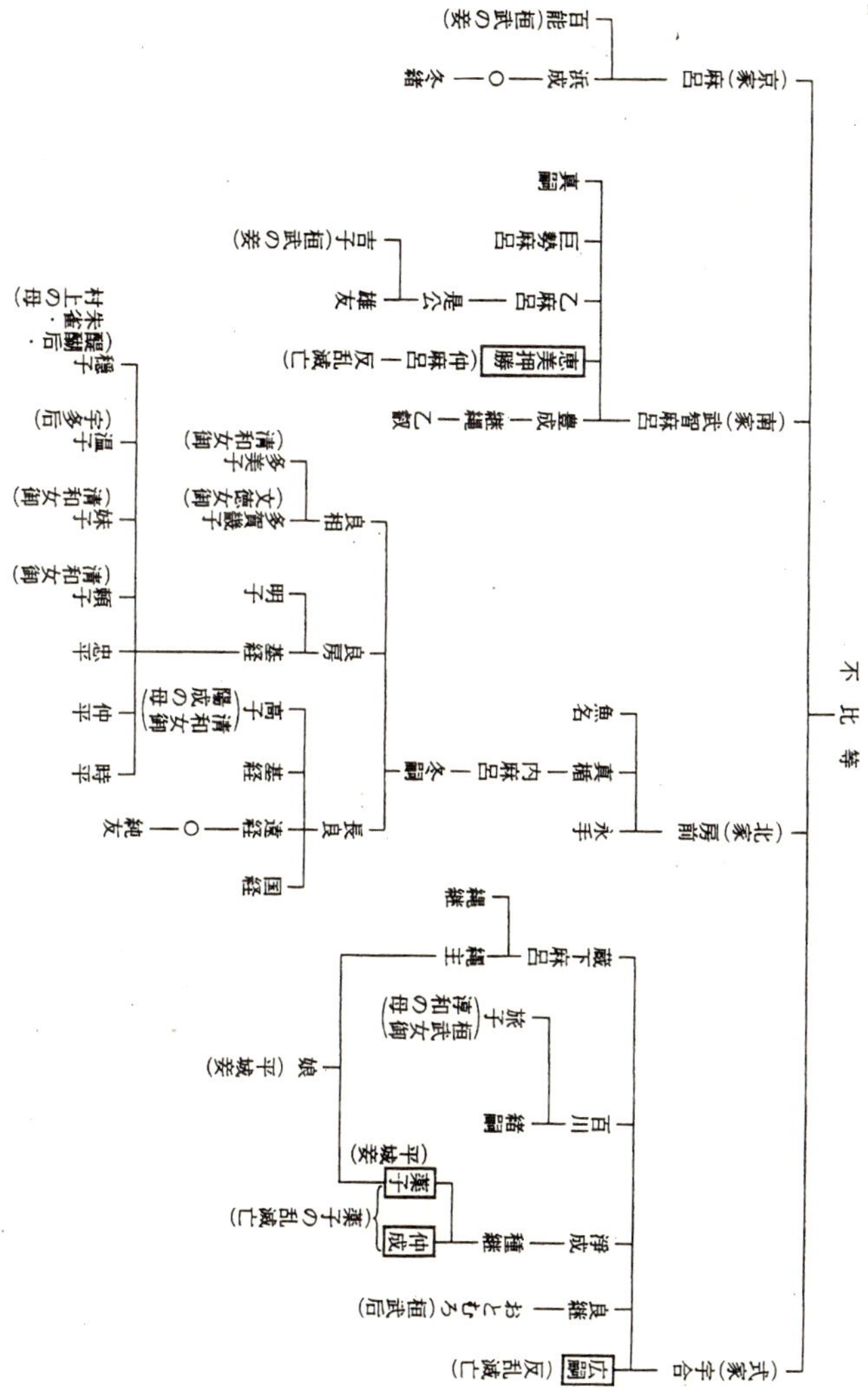
不比等
京家 麻呂
浜成
○
冬緒
百能（桓武の妾）
南家 武智麻呂
豊成
継縄
乙叡
仲麻呂（恵美押勝）
反乱滅亡
乙麻呂
是公
雄友
吉子（桓武の妾）
巨勢麻呂
真嗣
北家 房前
永手
真楯
内麻呂
冬嗣
魚名
長良
良房
良相
国経
遠経
○
純友
基経
高子（清和女御 陽成の母）
明子
多賀幾子（文徳女御）
多美子（清和女御）
時平
仲平
忠平
頼子（清和女御）
姝子（清和女御）
温子（宇多后）
穏子（醍醐后・朱雀・村上の母）
式家 宇合
広嗣
反乱滅亡
良継
おとむろ（桓武后）
浄成
種継
仲成
薬子
薬子の乱滅亡
平城妾
百川
緒嗣
旅子（桓武女御 淳和の母）
娘（平城妾）
蔵下麻呂
縄主
縄継

かわり、今次敗戦まで権力の座にあった。

2　源氏と平氏は「新撰姓氏録」ではわずかに現れはじめる。嵯峨天皇は二八人の妃・妾を持ち、生まれた子は五〇人をこえる。そのため、国費が不足し、「源」の姓を与えて臣下に降下させた。桓武は二六人（平氏）、文徳は一五人、清和は五人（源氏）、陽成は三人、光孝は三五人、宇多は二人、醍醐は六人と、源・平の姓を与えて臣籍降下させている。

これが武家となり、幕府政権に発展する。天皇の荒淫が歴史の流れをかえ、鎌倉・室町・江戸とつづいて行く。徳川将軍も大奥での乱脈ぶりは知られているが、一一代家斉は五三人の子女があり、処置に困って次々と全国の大名に養子として押しつけたため、各藩は恐慌をきたした。

四　皇別の分析

（表1）によれば天皇毎の子孫はかなり較差があり、孝元天皇がずばぬけて子孫氏族が多い。一〇八氏にのぼる。他は二けた、一けたである。反対に仁徳―武烈の一〇代は子孫氏族零である。神武から応神までと継体以後に大きく二分される。継体は応神五世の孫となっていて、この間が仁徳―武烈の零の一〇代にあたる。後代史家はこの零の一〇代を倭五王にあてたり、河内王朝として見たり、歴史とは面白いものだ。各氏族は、この間を造作と知って避けたようである。

（表１）皇別・各天皇子孫氏族

代	天皇	氏族	代	天皇	氏族	代	天皇	氏族
1	神武	21	19	允恭	0	37	斉明	0
2	綏靖	0	20	安康	0	38	天智	3
3	安寧	2	21	雄略	0	39	弘文	0
4	懿徳	0	22	清寧	0	40	天武	10
5	孝昭	44	23	顕宗	0	41	持統	0
6	孝安	0	24	仁賢	0			
7	孝霊	8	25	武烈	0			
8	孝元	108	26	継体	5			
9	開化	22	27	安閑	0		光仁	1
10	崇神	33	28	宣化	4		桓武	2
11	垂仁	9	29	欽明	0		嵯峨	1
12	景行	22	30	敏達	19	備考		
13	成務	0	31	用明	3	孝元　最多		
14	仲哀	5	32	崇峻	0			
15	應神	12	33	推古	0	仁徳〜武烈　十代0		
16	仁徳	0	34	舒明	1			
17	履中	0	35	皇極	0	（335氏）		
18	反正	0	36	孝徳	0			

1998　三宅作成

1　最多の孝元氏族（系図2）

孝元から分かれる氏族の三分の二は武内宿禰系図で朝鮮半島と深いかかわりを持つ。神別の分析で後述するが、戦前の歴史は皇歴で書かれ、西暦でBC一六〇年頃で、「日本書紀」の書く天孫降臨の時代と考えられる。蘇我・平群・紀臣等の氏族はその主張の為、孝元に結びついたのではなかろうか。筑紫の日向《ひなた》のクシフル山（糸島半島の付け根付近）に天降ったと書く。蘇我・平群両氏の本貫地（倭国での）で、紀臣は豊国（上毛郡）にうつり九州では各地に足跡を残している。後の太宰府の官人や、高良大社の大祝《おおはおり》（丹波氏を名のる。太宰管内志には紀の宮との記録が残る。紀ノ国に（和歌山）移った紀臣は、律令時代後婚姻により土着の紀直と一本になる。紀ノ川の北岸と南岸では古墳形態は全く異なる（巨石墳）と（積石緑泥片岩）である。吉野を経て、（吉野に二基しかない前方後円墳は石棚のある紀氏の古墳である）平群に入る。平群谷には平群坐紀神社がある。古墳も三里古墳（石棚のある紀氏の古墳）―（九州の装飾古墳も石棚を持つもの多し）等紀臣の勢力が入った事がわかる。（平群氏は同族）高良系図（孝元―彦太忍信命―屋主忍武雄心命―高良玉垂命―九体皇子）はカットされている（系図2）。「太宰管内誌」等、中世文書には高良玉垂命は武内宿禰と混同された記事が残っている。

高良玉重命―九体皇子 ┐
　　　　　　　　　　 ├ が混同されている（系図2）。
武内宿禰――九子女　 ┘

五世紀末に葛木直（神別）と婚姻で入り込んだ蘇我氏により（或いは同族の紀臣によるか―「紀

（系図2）※注　孝元…武内宿禰→九氏族は（高良玉垂命→九体皇子）の書き換え、高良大社の大祝である紀氏（丹波氏）による（母系…紀氏）。

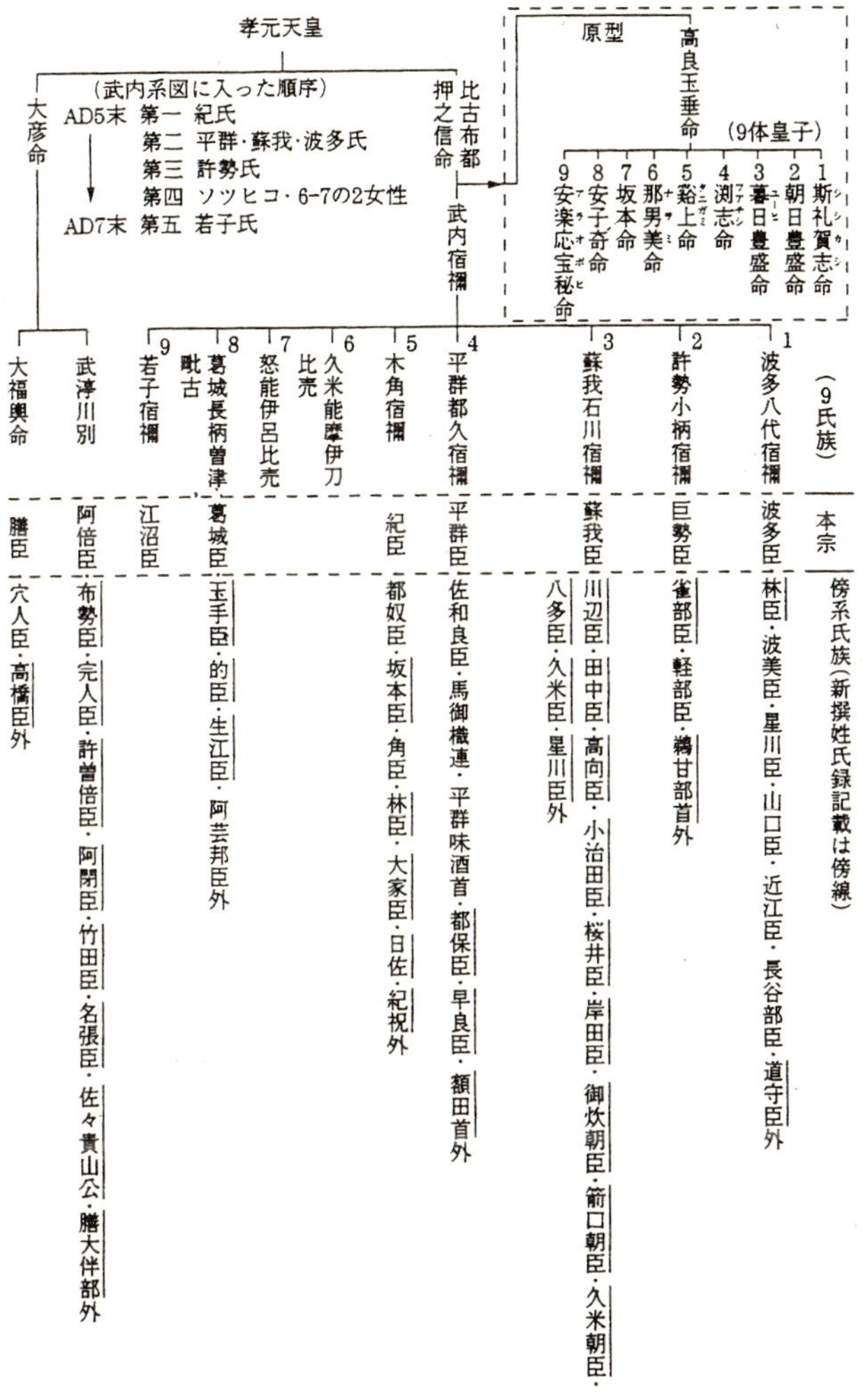

氏家牒」）葛木の地を蚕食した後、武内系図が完成したのではなかろうか。

系図3

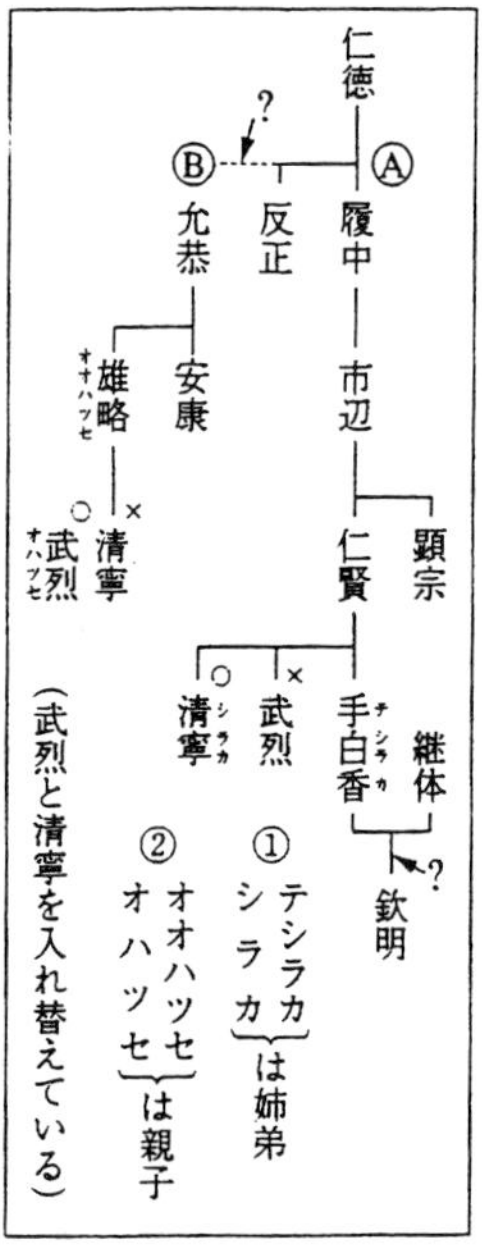

系図4…上宮記一伝系譜

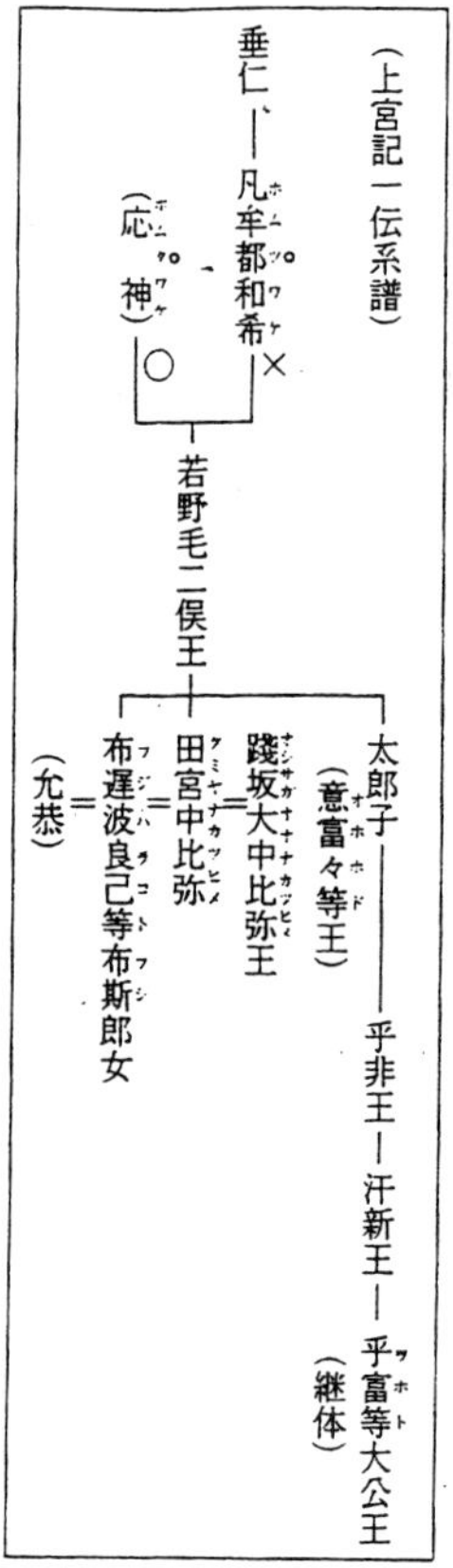

2　零の焦点（仁徳―武烈一〇代のゼロ）

仁徳―武烈一〇代は後裔氏族ゼロである。聖帝として「書紀」が特筆する仁徳や、後代史家がこぞって倭の五王にあてる（履中・反正・允恭・安康・雄略）五代の天皇も後裔氏族ゼロである（「新撰姓氏録」文中の時代特定のためのみに仁徳の御代とか、雄略の時代とかの記事では名が出てくる）。一方清寧・仁賢・顕宗・武烈は存在感の薄い天皇である（武烈のみは二中暦の九州年号表冒頭に「善記以前武烈即位」の書き込みがある。この四代は継体と大和系譜をつなぐ為、改訂を重ねて利用されている（系図3）。「記」は清寧・武烈を入れかえ「書紀」に合わせたが、平群のシピを亡す物語のみ清寧記に残った。

Ⓐ系のシラカを雄略の子に、Ⓑ系の武烈を仁賢の子に入れ替えている。テシラカとシラカは姉弟であり、オオハツセとオハツセは親子であったはずである。允恭と継体系譜のナカツヒメ三人婚もつながりの強化の造作である。また、当初養子で持ち込まれた（ホムタのマワカの娘、タカキのイリヒメ）ホムタワケ（応神）とホムツワケ（垂仁の聾の皇子）をすりかえている（系図4）。

ゼロの一〇代で唯一人葛城と関係をもたない安康（次項で後述）は平成一〇年一〇月七日宮内庁の発表によると、菅原伏見西陵（延喜式陵墓一覧にも記載）の安康天皇陵が古墳では無く、中世の山城跡を柵で囲んだものと判明した。造作の清寧・顕宗・仁賢と共に安康も存在がうたがわれることになった。

3　零の原点（葛城臣）

山田宗睦『古代史と日本書紀』によれば、「井上光貞『日本古代国家の研究』（一九五六年）以来、

系図5

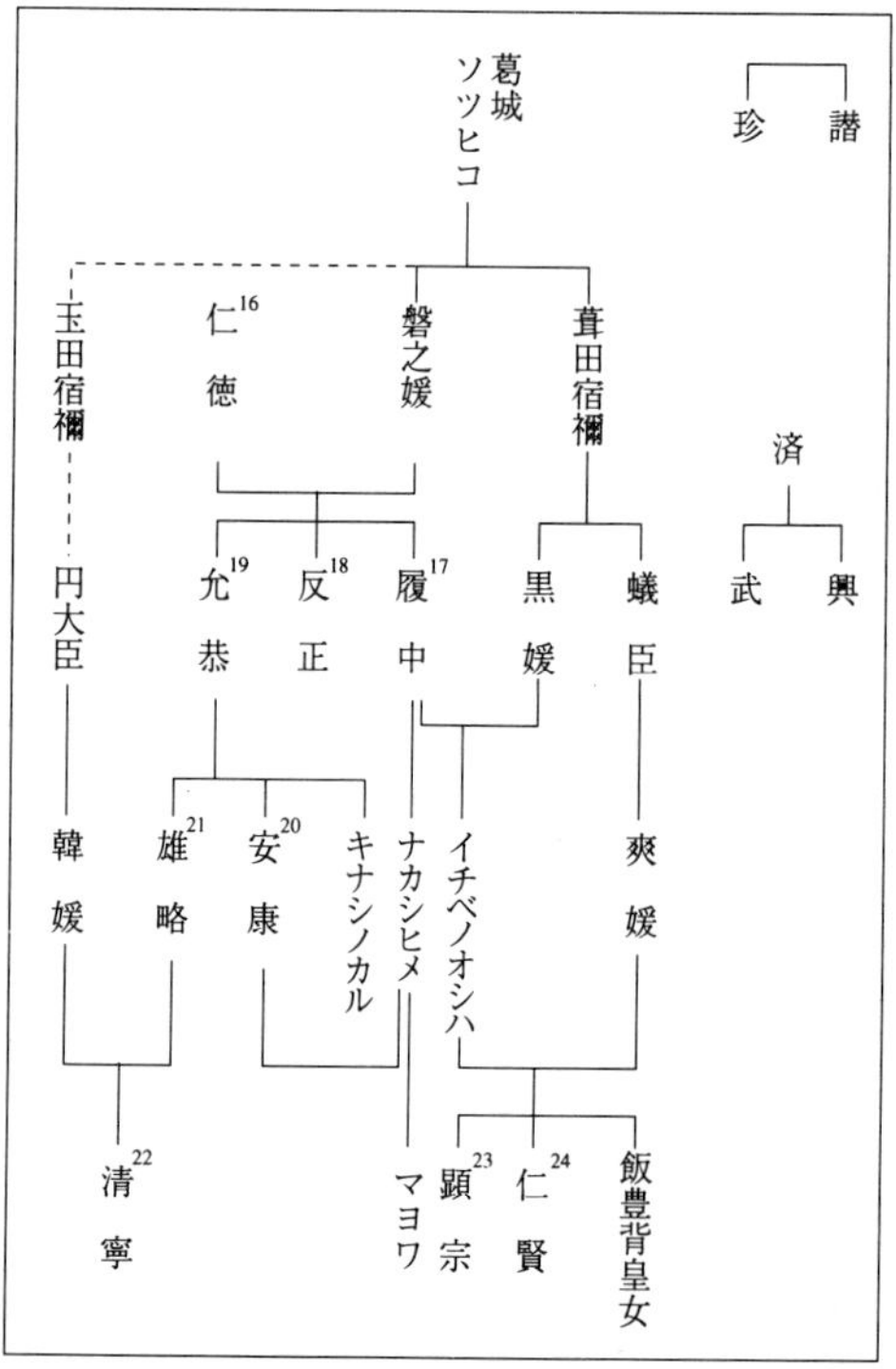

再構築されてきた戦後の定説がくずれて来た。応神迄の古い時代と、継体以後の時代をつなぐために、中国の政治思想をもとに聖帝（仁徳）に始まり、悪帝（当初は雄略、のち引きのばされて武烈迄—百済三書引用のためか？）までの一〇代を造作したことがわかって来た」という。この時代はすべて母か妻が葛城臣から出ている（安康を除く）。始祖葛城襲津彦は神功六二年の「百済記」に出る沙至比跪の盗用であり、ソツヒコは神功・応神・仁徳の三代の一九七年間にわたり出現する。武内宿禰に次ぐ長寿ぶりである。子孫の玉田の宿禰・葦田宿禰・円大臣の三人も殺される話が主《おも》で（葦田宿禰は孫の市辺も殺される）葛城氏の繁栄などなかった。物部や蘇我は宗家が亡んでも石上や石川として歴史に残って行くが、葛城臣は六世紀以後文献から消える（ソツヒコの子孫を名のる玉手氏等は別系）。「新撰姓氏録」に葛城朝臣として一名出ているが、渡来系が二度の

改姓によって名のっている（蕃別で後述）。
仁徳―武烈の一〇代を構成する葛城臣が虚構であれば、一〇代の天皇も成立しない。したがって倭五王も大和と関係が無いことになる（系図5）。

①神代―応神（九州王朝の盗用）
②仁徳―武烈（応神と継体を繋ぐ虚構）
③継体以降（書紀成立時の天皇につながるが一部造作あり）

姓氏録の氏族は応神以前①と継体以降③に大きく二分されている。その間を繋ぐ仁徳―武烈②は子孫氏族零で当然である。この間は造作されたから。はからずも最多の孝元と零の仁徳―武烈の一〇代が葛城臣（ソツヒコ）によって接点をもつこととなった。

4　ゼロの時代と倭五王

倭の五王としてゼロの時代をあてていた松下見林以降、戦後史学はさまざまな矛盾にさらされる。「書紀」によれば応神の治世は（二七〇年庚寅）から（三一〇年庚午）の四〇年間と書かれている。神功・応神紀の百済王立・薨記事は、「三国史記」の立・薨記事と一二〇年の誤差があり、神功をヒミコに合わせるため、古く書かれている。一二〇年下げて正しい時代にすると応神の時代が、仁徳・履中・反正を呑み込み、允恭も「百済新撰」引用の蓋鹵王立の記事（年代を造作する為、雄略紀に己巳年蓋鹵王立と書かれている）迄の一八年間が、応神の下げた年代と重なり消える。三品彰英も「応神崩年と允恭一八年百済新撰記事は間断なくつながる」とのべていた。直木孝次郎も「ホムタの日の御子オオサザキの記事や、枯野という舟が「記・紀」で片方は応神紀に、他方は仁徳に書かれていることから、応神・仁徳同一人説」をいわれていた。仁徳の高津の宮は特定出来ず、明治以来上町台地上を転々としていた。発掘された法円坂のナニワの宮跡も、考徳以後しか出てこない。難波津―豊前行橋説（大芝・室伏）や高津宮博多説（米田・富永）が提起されて注目されている。

応神を一二〇年古い時代にし、その間に仁徳・履中・反正を挿入し。允恭と重なる一九年は、清寧五年・顕宗三年・仁賢一一年の合計一九年と同年で、允恭を下げるとこの三代が消える。仁賢―武烈の一〇代はこの試考のように時代を浮遊して、倭の五王に合わせるどころではない。

5　葛城氏再考（臣＝皇別と直＝神別）

文献に出ている葛城氏は皇別と神別に分かれている。皇別は孝元天皇に始まる武内系図で、孝元最多の要因をなす。武内系図は「記」に書かれているが、「紀」には見えない。ソツヒコの娘磐之媛とか、玉田宿禰・葦田宿禰・円大臣と書かれ葛城臣とは書かれていない。ソツヒコの子孫氏族も、的臣《いくは》・玉手臣と傍系のみで葛城臣とは書かれていない。唯一葛城臣と出てくるのは「紀氏家牒」逸文のみである。武内系図に蘇我・平群・紀臣をつないだのは紀氏ではなかろうか。

神別の葛木直は土着豪族として後代迄つづく。（紀氏の場合とよくにている。臣と直）　神別の葛木氏は神武紀の劔根命に始まり、開化天皇に妃（わし姫）として娘を入れた垂水宿禰が「記」にのみ書かれている。「古事記」の氏族は、「新撰姓氏録」とは様々に対立的に書かれている。弥生時代から神別の葛木氏は金剛山東部の高天《たかま》を本拠に、その山麓の鴨氏を配下にしたがえていた。崇神の時代頃に鴨氏は大和を追われた。（鴨神の遊行の伝説がある）風土記逸文にも賀茂社として書かれている。

葛木→大和（黒塚付近）→岡田加茂（椿井大塚付近）→山城の加茂（後に上賀茂・下賀茂に分かれる）。三角縁神獣鏡大量出土の黒塚・椿井大塚を通っての移動が気になる。

仁徳妃の磐之媛の葛木をしのぶ歌は鴨神遊行の逆コースで書かれている。

「新撰姓氏録」では葛城・葛木・加茂の記事は次の様に書かれている。

○葛城朝臣　葛城襲津彦命之後也。日本紀。
（左京皇別）　続日本紀。完符改姓並合
（このように書かれているが葛城臣の子孫ではない）。渡来系忍海氏
忍海→朝野宿禰→葛城朝臣（葛木山西麓に入植、二度の改姓で葛城朝臣）
（忍海とは韓国木浦沖の多島海（押海《アッペ》）出身）

○葛木直　高魂命五世孫劔根命之後也。（河内神別）

○葛木忌寸　〃　（大和神別）

（神武紀の葛木国造の子孫）

○加茂朝臣　大神朝臣同祖。大国主神之後也。大田田禰古命孫大賀茂都美命。奉斉賀茂神社也。

（大和神話に合せるため、大神同祖とされる。その祭神事代主は「出雲風土記」には全く出ないが、「紀」の国ゆずりには出る。）

神別の葛木直は、弥生時代から「新撰姓氏録」の時代迄、葛木山・金剛山麓で存続するが、皇別の葛城臣は「日本書紀」の文中で、仁徳―武烈の一〇代を構成するため出現する。現実には架空の物語にすぎない。仁徳―武烈（安康を除く―安康は前述のように陵さえ無い造作）の九代は母か妻が葛城臣で構成されており造作である。武内系図につながれたソツヒコは百済記の沙至比跪の盗用で始まり、始めから終り迄実体の無い葛城臣との結合で仁徳―武烈の零の時代は消えさる。したがって河内王朝説はカゲロウと化す。

五　神別の分析

神別氏族は天神・天孫・地祇にわけられている。天神はムスビの神を始祖とする氏族がほとんどで、旧連系（伴造系）であり約七〇％であり、この国を作った主力であり、大部分の氏族がこれに属している。天孫は創成神話（イザナギ・イザナミ）を持つ氏族なのに二五％と少い。しかもその半数は火明命系である。地祇は出雲神話（スサノオ・オオクニヌシ）を持つ氏族だが、僅かな数である。

神別404（455）
- 天神273（299）
- 天孫103（119）
- 地祇28（35）

溝口睦子氏『王権神話の構造』より。
（　）内は田中卓氏全集（未定雑数を含む）

表2

類別		祖先神	代表的後裔氏族　○は重出	氏族数
神別	天神	ツハヤムスビ	中臣連（藤原）・中臣酒人連	43
		カムニギハヤヒ	物部連・穂積臣・巫部連・若湯巫連・○弓削連	106
		タカミムスビ	大伴連・佐伯連・忌部連・○弓削連・玉祖連	32
		カミムスビ	県犬養連・○倭文連・爪工連・多米連・間人連・紀直	50
		ツノコリムスビ	額田部連・○倭文連	14
		フルムスビ	掃守連	7
		ムスビ	門部連	3
		アメノミナカヌシ	服部連	3
	天孫	アメノホヒ	土師連・出雲臣	22
		ホアカリ	尾張連・倉連・伊福部連・津守連・稚犬養連・○境部連	54
		アマツヒコネ	額田部湯巫連	19
		ホノスソリ	○境部連	7
	地祇	オオクニヌシ（スサノオ）	大三輪君・鴨君・胸方君	13
		ワタツミトヨタマビコ	阿曇連・凡海連・海犬養連	7
		シヒネツヒコ	倭直	6

ツハヤムスビは中臣（藤原）氏の造った神で、本来カミムスビ系であったが、他氏族と同じ先祖を持つのを嫌って、権力を持つ様になって造作した。

ニギハヤヒは、タカミムスビの子で、その命令で天下り、「旧事本紀」巻五天孫本紀には死んで、タカミムスビのところへ帰る。当然ムスビの神である。

天孫の七〇%は火明命で、「旧事本紀」では天照国照天火明櫛玉饒速日尊とホアカリとニギハヤヒを同一人として物部氏と尾張氏の合体が見られる。ホアカリは「紀」の一書の六・八にニニギの兄と書かれ、「紀」本文と一書の二・三・五・七にはニニギの子として、さらに「播磨国風土記」では国ツ神として伝承の乱れが見られる。

「新撰姓氏録」の神別はタカミムスビが此の国の中心であった跡をしめしている。（表2）

六　王権神話の二元構造

1　二系統の降臨神話

周の時……倭人鬯草《ちょうそう》を貢す。（論衡巻八）
成王の時…倭人暢《ちょう》を貢す。（論衡巻一九）
楽浪海中、倭人有り。（「漢書」地理志燕地）
会稽海外、東鯷人有り。（「漢書」地理志呉地）

古い時代（紀元前）の記事が伝えられている。その後、壱岐・対馬より北九州への進攻が「日本書紀」による天孫降臨の記事として書かれている。したがって天孫降臨が王権の始めとして王権神話が語られてゆく。「日本書紀」ではタカミムスビが命令者として、「古事記」はアマテラスとタカミムスビ両者によると書かれている。なお「古事記」には天地初めて発りし時に三柱の神として、天御中主・カミムスビと共にタカミムスビをあげている。その為タカミムスビは古い伝承の神との印象を与えられている。我が国の神話が二つの異質な体系を組み合せて構成されている事は良く知られている。一方はイザナギ・イザナミに始まる。アマテラス・スサノオの神話であり、他方はタ

表3　降臨神話所伝系統表

系統		タカミムスヒ系			アマテラス系		統合
要素	所伝	紀本文	第六書	第四書	第二書	第一書	記
司令神		タカミムスヒ	タカミムスヒ	タカミムスヒ	アマテラス	アマテラス	タカギノカミ・アマテラス
降臨神		ホノニニギ	ホノニニギ	ホノニニギ	オシホミミ→ホノニニギ	オシホミミ→ホノニニギ	オシホミミ→ホノニニギ
降臨の様態		真床追衾に包まれる	真床追衾に包まれる	真床追衾に包まれる			
降臨地		日向襲高千穂峯	日向襲高千穂添峯	日向襲高千穂穂日二上峯	日向槵日高千穂峯	筑紫日向高千穂触峯	竺紫日向高千穂久士布流多気
随伴神	東征系			アマノオシヒ アメクシツノオホクメ			アメノオシヒ アマツクメ
	石屋戸系				アマノコヤネ フトタマ 諸部神	アマノコヤネ フトタマ アマノウズメ イシコリドメ タマノヤ	アメノコヤネ フトタマ アメノウズメ イシコリドメ タマノヤ オモヒカネ タヂカラヲ イハトワケ
神宝					宝鏡	三種神宝	三種神宝
神勅					同床共殿 斎庭稲穂	天壌無窮	瑞穂国統治 宝鏡奉斎
伊勢神宮	先導神					サルタヒコ	サルタヒコ
	鎮座					伊勢之狭長田五十鈴川上	佐久久斯侶伊須受能宮 外宮之度相

カミムスビのムスビ系神話である。一読して異質な事は明らかで、二元的と見る様々な研究がある。（表3）

2　天降神話の文献（アマテラスとタカミムスビ）

「古事記」

(1)天地初めて発《おこ》りし時に、高天の原に成りませる神の名は、天之御中主の神。次に高御産巣日神、次に神産巣日神。この三柱は、みな独《ひとり》神と成りまして、身を隠したまひき。（天地初発条）

(2)ここをもちて、八百万の神、天の安の河原に神集《つど》ひて、高御産巣日の神の子、思金の神に思はしめて、常世の長鳴鳥を集めて鳴かしめて、（天の石屋戸条）

(3)しかして、高御産巣日の神・天照大御神の命《みこと》もちて、天の安の河原に、八百万の神を神集へに集へて、思金の神に思はしめて詔《の》らししく、（国譲り条）

(4)ここをもちて、高御産巣日の神・天照大御神、また、もろもろの神等《たち》に問ひたましく、（同条）

(5)かれしかして、天照大御神・高御産巣日の神、また、もろもろの神等に問ひたまひしく、（同条）

(6)しかして、その矢、雉の胸より通りて、逆に射上げらえて、天の安の河原に坐す天照大御神・高木の神の御所《みもと》に逮《いた》りき。この高木の神は、高御産巣日の神の別名《こと》ぞ。かれ、高木の神その矢を取りて見そこなはせば、血その矢に著《つ》けり。ここに、高木の神の告《の》らししく、（同条）

(7)ここをもちて、この二はしらの神、出雲国の伊耶佐《いざさ》の小浜に降り到りまして、十掬《つか》剣を抜き、逆に浪の穂に刺し立て、その剣の前に趺坐《あぐみゐ》て、その大国主の神に問ひて言《の》らししく、「天照大御神・高木の神の命もちて、問ひに使はせり。汝がうしはける葦原の中つ国は、我が御子の知らす国と言依《ことよ》さし賜ひき。故、汝が心いかに」(同条)

(8)しかして、天照大御神・高木の神の命もちて、太子正勝吾勝勝速日天の忍穂耳の命に詔《の》らししく、「今、葦原の中つ国を平らげつと白《まを》す。故、言依さしたまひしまにまに降りまして知らしめせ」(天孫降臨条)

(9)しかして、その太子正勝吾勝勝速日天の忍穂耳の命の答へ白したまひしく、「僕《あ》は、降らむ装束《よそひ》しつる間に、子生れ出でぬ。名は、天邇岐志国邇岐志天津日高日子番能邇邇芸の命、この子降すべし」この御子は、高木の神の女、万幡豊秋津師比売の命に御合ひまして、生みたまへる子、(同条)

(10)しかして、日子番能邇邇芸の命、天降りまさむとする時に、天の八衢《やちまた》に居て、上は高天の原を光らし、下は葦原の中つ国を光らす神ここにあり。故しかして、天照大御神・高木の神の命もちて、天の宇受売の神に詔らししく、(同条)

(11)故、天つ神の御子、その横刀を獲しゆゑを問ひたまへば、高倉下が答へ曰ししく、「おのが夢に云はく、天照大神・高木の神二柱の神の命もちて、建御雷の神を召して詔らししく、「葦原の中つ国は、いたくさやぎてありなり。我御子等やくさみますらし。その葦原の中つ国は、も

はら汝《いまし》の言向けし国ぞ。（神武東征条）

⑿ここに、また高木の大神の命もちて覚《さと》して白《まを》ししく「天つ神の御子、これより奥つ方にな入り幸さしめそ。荒ぶる神いと多《さは》にあり。今、天より八咫烏を遣はさむ。故《かれ》、その八咫烏引道《みちび》きてむ。その立たむ後より幸行《いでま》すべし」（同条）

（新潮日本古典集成）

「古事記」はアマテラス・タカミムスビ両者が命令者で、降臨させるのが特徴である。天地初発時に造化三神の一として冒頭にタカミムスビがあらわれるのが、読者に最も強い印象を与え、この箇所に焦点を当てての論が多く、天孫降臨ではニニギの外祖父として中心はアマテラスの様に書かれている。

「日本書紀」

(1)一書に曰く、天地初めて判《わか》るる時に、始めて供《とも》に生《なりい》づる神有《ま》す。国常立尊と号《まう》す。次に国狭槌尊。又曰く、高天原に所生《あ》れます神の名を、天御中主尊と曰す。次に高皇産霊尊。次に神皇産霊尊。皇産霊、此をば美《み》武《む》須《す》毗《ひ》と云ふ。（第一段一書第四）

(2)時に高皇産霊の息恩兼神といふ者有り。思慮の智有り。（第七段一書第一）

(3)時に高皇産霊尊、聞しめして曰く、「吾が産みし児、凡て一千五百座有り。其の中に一の児最悪くして、教養《をしへごと》に順はず。指間より漏《く》き堕《お》ちにしは、必ず彼ならむ。愛《めぐ》みて養《ひだ》せ」とのたまふ。此即ち少彦名命是なり。（第八段、一書第六）

(4)天照大神の子正哉吾勝勝速日天忍穂耳尊、高皇産霊の女𣑥幡千千姫を娶きたまひて、天津彦彦火瓊瓊杵尊を生れます。(第九段、本文)
(5)故、皇祖高皇産霊尊、特に憐愛を鍾《あつ》めて、崇《かた》て養《ひだ》したまふ。遂に皇孫天津彦彦火瓊瓊杵尊を立てて、葦原中国の主とせむと欲す。(同段、本文)
(6)故、高皇産霊尊、八十諸神を召し集へて、問ひて曰く、「吾、葦原中国の邪しき鬼《もの》を撥《はら》ひ手《む》けしめむと欲ふ。当に誰を遣さば宜けむ。惟、爾諸神知らむ所をな隠しまこそ」とのたまふ。(同段本文)
(7)故、高皇産霊尊更に諸神を会へて、当に遣すべき者を問わせたまふ。(同段本文)
(8)是に、高皇産霊尊、天稚彦に天鹿児弓及び天羽羽矢を賜ひて遣す。(同段本文)
(9)是の時に、高皇産霊尊、其の久報に來ざることを怪びて、乃ち無名雉を遣して、伺しめたまふ。(同段本文)
(10)天稚彦、乃ち高皇産霊尊の賜ひし天鹿児弓。天羽矢を取りて、雉を射て斃しつ。(同段本文)
(11)其の矢雉の胸を洞達りて、高皇産霊尊の座します前に至る。(同段本文)
(12)時に高皇産霊尊、其の矢を見して曰く、「是の矢は、昔我が天稚彦に賜ひし矢なり。……」とのたまふ。(同段本文)
(13)是の後に、高皇産霊尊、更に諸神を会へて、当に葦原中国に遣すべき者を選ぶ。(同段本文)
(14)二神、……大己貴神に問ひて曰く、「高皇産霊尊、皇孫を降しまつりて、此地に君臨はむとす。

故、先づ我この神を遣して、駈除ひ平定めしむ。汝が意何如。避りまつらむや」とのたまふ。（同段本文）

⒂而して高皇産霊の勅を事代主神に致し、且は報さむ辞を問ふ。（同段本文）

⒃時に、高皇産霊尊、真床追衾を以て、皇孫天津彦彦火瓊瓊杵尊に覆ひて、降りまさしむ。（同段本文）

⒄時に高皇産霊尊、乃ち二神を還して、大己貴神に勅して曰く、「……夫れ汝が治す顕露の事は、是吾孫治すべし。汝は以て神事を治すべし。……」とのたまふ。（同段一書第二）

⒅時に高皇産霊尊、大物主神に勅すらく、「……八十万神を領ゐて、永《ひたぶる》に皇孫《すめみま》の為に護り奉れ」とのたまひて、乃ち還り降らしむ。（同段一書第二）

⒆高皇産霊尊、因りて勅して曰く、「吾は天津神籬《ひもろぎ》及び天津磐境《いはさか》を起し樹てて、当に吾孫の為に斉ひ奉らむ。汝、天児屋命・太玉命は、天津神籬を持ちて、葦原中国に降りて、亦吾孫の為に斉ひ奉れ」とのたまふ。（同段一書第二）

⒇即ち高皇産霊尊の女、号は万幡姫を以て、天忍穂耳尊に配せて妃として降しまつらしめたまふ。（同段一書第二）

㉑高皇産霊尊、真床追衾を以て、天津彦国光彦火瓊瓊杵尊に裹せまつりて、則ち天磐戸を引き開け、天八重雲を排分けて、降し奉る。（同段一書第四）

㉒天忍穂根尊、高皇産霊尊の女栲幡千千姫万幡姫命、亦は云はく、高皇産霊尊の児火之戸幡姫の

児千千姫命といふ、を娶りたまふ。（同段一書第六）
㉓皇孫火瓊瓊杵尊を、葦原中国に降し奉るに及びて、高皇産霊尊、八十諸神に勅して曰く、「葦原中国は、磐根・木株・草葉も、猶能く言語ふ。夜は標火《ほほ》の若《もころ》に喧響《おとな》ひ、昼は五月蠅《さばえ》如《な》す沸き騰る」と、云々。（同段一書第六）
㉔時に高皇産霊尊、勅して曰く、「昔、天稚彦を葦原中国に遣りき。至今に久しく来ざる所以は、蓋し是国神、強禦之者有りてか」とのたまふ。（同段一書第六）
㉕是の時に、高皇産霊尊、乃ち真床追衾を用て、皇孫天津彦根火瓊瓊杵尊に裹《き》せまつりて、天八重雲を排披《おしわ》けて降し奉らしむ。（同段一書第六）
㉖高皇産霊尊の女天万栲幡千幡姫。一に云はく、高皇産霊尊の児万幡姫の児玉依姫命といふ。（同段一書第七）
㉗正哉吾勝勝速日天忍穂耳尊、高皇産霊尊の女天万栲幡千幡姫を娶りて、妃として生む児を、天照国照彦火明命と号く。（同段一書第八）
㉘昔我が天神、高皇産霊尊・大日孁尊、此豊葦原瑞穂国を挙げて、我が天祖彦火瓊瓊杵尊に授けたまへり。（神武天皇即位前紀甲寅年）
㉙今高皇産霊尊を以て、朕親ら顕斉《うつしいはひ》を作《な》さむ（神武天皇即位前紀戊午年九月）
㉚月神、人に著りて曰く、「我が祖高皇産霊、預《そ》ひて天地を鎔《あ》ひ造《いた》せる功有します。……」とのたまふ。（顕宗天皇三年二月一日条）

(31)日神、人に著《かか》りて、阿閉臣事大に謂《かた》りて曰く、「磐余の田以て、我が祖高皇産霊に献れ」とのたまふ。（顕宗天皇三年四月五日条）

「日本書紀」は本文のすべてがタカミムスビによる降臨命令で、アマテラスは現われない。別伝の一・二に出るのみである。

3　二元構造の分析

イザナギ・イザナミの神話は潮の香のする海があり、淡路から九州の広い地域に広がる古いものである。一方ムスビ系神話は大陸から朝鮮半島を経て北九州という民族の移動が中心である。つまり征服神話とも云える。二分して現わすと、

①南方系海洋神話

・イザナギ・イザナミ―アマテラス・スサノオ

・国生み→ウケヒ→岩屋戸→海幸・山幸そして八十島祭に至る。

②北方系遊牧民族神話

・タカミムスビ―ニニギ―ヒコホホデミ

・降臨神話→国譲り→九州平定（神功・景行）→東征（神武・日本武）

北方系神話は匈奴に始まり、高句麗→百済・伽倻から倭国と同じモチーフの天降神話が南下する。

（六の2の資料に出ていたように）顕宗紀のタカミムスビは、日・月の祖で天下を鎔造するとある。

アマテラスによる天降神話は、後代に挿入されたと思われる。天武朝に伝わった「金光明経の帝王神権説」による。持統の伊勢行幸により、伊勢の男性太陽神を追い出し、国家神として天照大神を完成する。天皇家は宮中八神としてタカミムスビを祭るが、伊勢への親拝は無い。

アマテラスとスサノオの物実交換（ウケヒ神話）により生まれたオシホミミはアマテラスの血縁の親子ではない。その妻ヨロズハタヒメ（タクハタチヂヒメ）もタカミムスビの子ではない。ニニギに結びつける為の虚構である。ヨロズハタヒメは、伊勢神宮に岩戸神話の手力男命の相殿神として祭られている機織の巫女神で、アマテラスの分身である。一書にのみあるオシホミミからニニギへの交代は、アマテラスを指令神として割り込ませる為の造作である。（六の2日本書紀の資料によればオシ穂ミミは稲の穂で、ニニギのホは火である）ニニギはタカミムスビの子として降臨した。壱岐・糸島など九州各地の神社にタカガミサマと言う伝承が残されている。（月読神社・高祖神社・高良大社）

七　諸蕃（蕃別）の分析

古い時代の渡来人は倭国に溶け込んでいる。架空の葛城ソツヒコからの蘇我・平群・紀臣等は皇別であつかわれている。「新撰姓氏録」撰上の時点でも続々と皇別や神別に入り込んでいる。

諸蕃は、漢・百済・高麗・新羅・任那の順に各渡来地別に書かれているが、未定雑姓等にはかなりひどい例がある。桓武天皇自身も母が百済の王女（高野新笠）であるから今で言うハーフである。「神皇正統記」北畠親房では、三韓ルーツの書を焚いたと書かれている。登載の氏族で一部は皇別。他は蕃別のままというのも有る。転入半ばであるのが見える。亦、何度も改姓をして皇別民族の有名なところえ割込む者もある。薬子の乱（本稿の二）とのからみで、「古事記」の記事と「新撰姓氏録」との対立がある。（後述）

1　「新撰姓氏録」の渡来人

葛木山西麓に韓国木浦沖の多島海（押海《アッペ》）から入植した忍海氏が、朝野宿禰（続日本紀桓武条）に改姓し、さらに葛城朝臣（四の5参照）に姓氏録撰上直前に二度目の改姓をゆるされ皇別として葛城襲津彦之後也と書かれている。

仁徳紀にある茨田築堤の記事は、書紀補注によれば、寝屋川市から枚方市の間と云われるが、正確な地点は不明であると書く。「古事記」には秦氏築堤の話はあるが、茨田氏築堤は「記・紀」共に無い。以後淀川は四回決壊しているが、茨田氏の名は出ない。諸蕃から皇別・神別に移るのは、氏族側の希望と、権力側の何らかの都合によると思われる。それ迄無位・無姓であった茨田氏が、文武二年突然の賜姓と昇進があり、異状な昇進であると思われる。亦一部は諸蕃のままだが、一部は皇別（多臣同祖として神武天皇の皇子を一人ふやしている。）

・茨田氏は文武二年八月と大宝三年重ねてカバネを賜う。（続日本紀）

・茨田弓束　無位弓束に外従五位下を授く（天平一七年一月）
・茨田弓束外従五位弓束に宿禰の姓を賜う（天平一九年）
・茨田枚野　従八位上茨田枚野に宿禰を賜う。（天平一九年）
・茨田枚野　正六位上茨田枚野に外従五位下を授く（天平宝宇二年八月）
・茨田速刀自女　絁六色、布十端、鍬一口、を賜う（養老五年一月）
・茨田連稲床　従八位下茨田連稲床に外従五位を授く（神護景雲三年八月）

異状な優遇と昇進である。

「新撰姓氏録」茨田氏は多臣同祖と書かれているが、多氏は神八井耳命の子孫であるが、茨田氏は彦八井耳命となっている。

・茨田宿禰　多臣同祖、彦八井耳命之後也。男野現宿禰。仁徳天皇御代。造二茨田堤一。日本紀合（河内皇別）

・茨田　連　多臣同祖彦八井耳命之後也。（右京皇別）

と皇別多臣と同祖として、彦八井耳命を祖として神武につないで、皇別としている。しかも無位・無姓を天平時代になってから五位と宿禰をあたえ、異状な昇進をさせている。山崎仁礼男が「蘇我王国論」で述べた、渡来系（舟氏）の墓の改葬と墓記の改変と同じ様に、造作の「書紀」に協力させた為と思われる。さらに同一氏族で一方は皇別、他方は諸蕃の例をあげると、

・茨田勝　景行天皇皇子、息長彦人大兄瑞城命之後也。　（山城皇別）
・茨田勝　出自呉国王皓之後、意富加牟枳君也、大鷦鷯天皇謚仁徳　御世。賜二居地於茨田邑一。因為二茨田勝一。　（河内諸蕃）

となっている。亦同族（治水、河川交通氏族）

・江首　彦八井耳命七世孫来目津彦命之後也。　（河内皇別）
・佐良々連出自百済国人、久米都彦也　（河内諸蕃）

同一の先祖クメツヒコの子孫を一方は神武系、一方は百済国人としている。

「新撰姓氏録」撰上の桓武天皇皇子、萬多親王は撰上前迄茨田親王であった。延暦二三年一月二日「萬多」と改字している。

2　「弘仁私記」の渡来人（古事記）

「新撰姓氏録」は日本書紀合・漏と校合がある事は良く知られている。「古事記」はかなり氏族数が書紀より多い。しかし「新撰姓氏録」は「古事記」を全く無視している。「弘仁私記―多人長」では序文で姓氏関係文書を批判して、旧記をよく読んでいないから記事がデタラメだと書いている。「諸民雑姓記」「諸蕃雑姓記」と「新撰姓氏録」を直接批判できないので他の書を対象に、暗に「新撰姓氏録」を批判している。「真偽を弁えず、誤書を抄集し、これを民間に施す。加うるに神胤を引きて上となし、皇裔を推して弟となし、尊卑雑乱し、信を取るに由なし」と書き、「馬を以って牛となし、羊を以って犬と為し」「人を悪み愛さず」「今なお遺漏のまま民間に在り」「偽り多く真すくなし」「是れ即ち旧記を読まず」と悪口雑言を書く。よほど気にいらなかったようである。「新撰姓氏録」は日本紀合・漏としているので「古事記」を参考にしていないのが頭にきたようである。

「新撰姓氏録」に不満の理由は多氏から見れば、

(1)「姓氏録」編纂の万多（茨田）親王にかかわる茨田氏系譜の不満

(2)「姓氏録」編纂の大外記上毛野頴人の編集に対する不満

「古事記」では日子八井命を茨田氏や豊島氏の先祖として耳ぬきで書いていて多氏系ではないとしている。

吉井巌氏は「古事記」の日子八井命は本来記の記述がなかったものであり、姓氏録成立後に付加されたに相違ないと考えるのであると書いている（天皇の系譜と神話の中の茨田連の祖先伝承と築堤の物語）

薬子の乱（二、撰上の時代参照）で「姓氏録」の編集者大外記上毛野頴人は天皇側で功績があり、多人長・多入鹿は薬子のひきで昇進していたのが、薬子の死と共に左遷されている。

田辺史・上毛野公・池原朝臣・住吉朝臣は「姓氏録」では豊城入彦命の後とあり、左京右京皇別に入っている。これらの氏族は百済からの渡来人で、天皇があわれんで上毛野一族に混じたとのべる。「諸蕃雑姓記」の田辺史系をとりあげている。

「弘仁私記」（古事記）と「新撰姓氏録」の編者達の対立が様々に見えてくる。

八　おわりに

九世紀の始め、「新撰姓氏録」の撰上の時代とその書物について様々に考察して見えて来たのは、

1　皇別については、各天皇の子孫氏族が極めて大きなかたよりがある事がわかって来た。孝元の最多から仁徳―武烈一〇代の零は、「日本書紀」の通りの歴史でなかった事が、見えて来た。

2　神別ではこの国の出発点が、二つの王権が歴史書を使って、巧妙にミックスされルーツ隠しが行なわれていたこと。歴史が権力の都合の良い様に組立てられていた事がわかってきた。

3　諸蕃では様々な渡来人が、この国の権力者達に利用されつつ、利用して来た相互扶助とも言える動きが浮き彫りになったことが、見えてきた。

「日本紀私記」という平安時代初期の記録が残っている。宮廷で七次にわたり「日本書紀」購読（再構成？）の記録の断片で、その序文の割注に、「日本書紀」三〇巻、帝王系図一巻……此れより外、更に帝王系図あり（割注、此の書いわく、或は新羅・高麗より到りて国王と為り、或は民間に帝王あり、……延暦年中、符を諸国に下して之を焚かしむ。而して今拪《うつ》りて民間にあり…神皇正統

記に云う焚書記録が？　桓武天皇は交野で二度郊祀を行っている。（郊祀とは易姓革命―中国で王朝が変り姓が変ると行う儀式）郊祀と前王朝の歴史書を編纂する。（桓武は続日本紀・天武は日本書紀）現在残る「日本書紀」は桓武の時代に最終的な改変を受けたのだろうか？

参考文献

「上代史籍の研究」　岩崎小弥太

「古事記と日本書紀の謎」消えた系図一巻　薗田香融

「日本古代の政治と経済」　角林文雄

「日本文化と朝鮮」（第一集）蘇我氏の出自について　門脇禎二

「日本古代政治史研究」紀氏に関する一試考　岸　俊男

「神社と古代王権祭祀」（高良大社）　大和岩男

「日本貴族と地方豪族」　薗田香融

「謎の巨大氏族・紀氏」石柵のある古墳一覧　内倉武久

「巨大古墳と倭五王」五世紀の大王と王統譜を探る　川口勝康

「古代史と日本書紀」　山田宗睦

「天皇の系譜と神話」（二）（ホムツワケ）（茨田連の祖先伝承）　吉井　巌

「王権神話の二元構造」　溝口睦子

「倭人伝を徹底して読む」　古田　武彦
「伊勢神宮の成立」　田村　圓澄
「新撰姓氏録の研究」（田中卓全集9）　田中　卓
「倭王たちの七世紀」　小林　恵子
「古事記成立考」　大和　岩雄
「太宰管内志」・「古事記」・「日本書紀」
本稿は古田武彦「九州王朝」説による。

第七章　九州王朝説の脱構築

室伏　志畔

序

九州王朝説の登場以来、三十年が経過した。その論証に八面六臂の活躍をした古田武彦が、今、倭国は邇邇芸命《ににぎ》の天孫降臨に始まり、大和朝廷は神武東征に始まるとする持論を再論している。それは狂信的な皇国史観を排し、戦後史学の「歴史」と「神話」理論との訣別と別ではなかった。いわば古田史学の九州王朝・倭国の創出と近畿王朝・大和朝廷の創業は、記紀神話の歴史への奪回の中にその大きな礎石を置いていたのだ。

この天孫降臨論と神武東征論を私は古田史学の中の白眉としてきた。私はそれに蹴られ古代史に入ったといっても過言ではない。それを再論した現在の古田武彦の「天照実在」論証と「神武実在」論証をどう受け取めるか、そこに九州王朝説の明日もまたあると言えよう。かつて白眉と見えたこれら論証に私が異議を呈するとは思いもしなかったが、それを成さずして九州王朝説の脱構築もまたありえない。私はそれを果たす中で日本古代史を、東アジアの民族移動史の一齣の中に位置づけてみたいと思う。

二　記紀改竄論の欠落

歴史改竄について古典的定義を与えたのは、歴史学者でなく精神分析学者のフロイトであった。フロイトはその遺著となった『モーゼと一神教』の中でこう書いている。

原典の歪曲とは殺人のごときものである。つまり困難な点はこの犯行をやってのけることではなくして、犯行の痕跡をひそかにとりのぞくことにある。私は《歪曲》Entstellungという語に、二重の意味を与えたいと思う。もっとも、この語は今日そうした使い方をされているわけではないけれども、元来二重の意味をもつべきものである。この語の意味するはずのものは、ある現象について変更を加えるというだけではなくして、ほかの場所へ移す、つまり、どこかへおしやるということでもあるのだ。したがって、原文歪曲のおおくはあるばあいには、隠蔽されたり、あるいは否定されたものが、かならずどこかにひそんでいることを見つけだせると期待してよいであろう。むろんそれは変形されて、全部からひきちぎられているにしてもの話である。しかしそれを察知するのは、かならずしも容易なことではあるまい。（土井正徳・吉田正己訳）

なんとこれは心そそる言葉ではないか。「隠蔽されたり、あるいは否定されたものが、かならずどこかにひそんでいることを見つけだせる」とフロイトは言う。言葉というものはこんな風に希望をひねり出せるのだ。しかし、このフロイトの指摘はそれに止まらず、日本の歴史学の盲点を見事に串刺ししている。記紀造作説について、戦後史学の改竄＝歪曲論は、たかだか「変更を加える」ことについては熟慮したが、「場所の移動」についてはまったく抜かったのである。誰が今まで日本の誉（ほま）れである大和を疑うことができたか。その意味で日本古代史は疑うべき最大のものを落としてきたのだ。しかし私は急ぐまい。ただ、先の古田武彦の二つの実在論証をあぶり出す中で、この刺激に満ちたフロイトの言に少し肉薄してみたいと思うだけである。

古田武彦は、記紀が天孫降臨地として新羅、出雲、九州の三地域を挙げているところから、この三地域に囲まれた中にその出発地の天国はあったとして、それを対馬海流上の島々に求めた。それらはこぞって天のつく次のような亦の名をもっていた。

壱岐　　→天比登都柱
対馬　　→天之狭手依比売
隠岐　　→天之忍許呂別
五島列島→天之忍男

沖の島　↓天両屋
姫島　↓天一根

この発見によって天国は天上から地上に降り、天国は海人国となった。この出発地の確定に次いで、古田武彦はその降臨地を、宮崎や鹿児島とする南九州説を捨て、『古事記』の「竺紫の日向《ひなた》の高千穂の久士布流多気《くしふるだけ》に天降りまさしめき」を文献考証し、筑前の高祖山連峰の日向のクジフル岳に求めた。その地は「韓国に向ひて真来通り　笠沙の御前にして　朝日の直刺す国　夕日の日照る国」の四至文にぴたりとはまり、その周辺から三種の神器をもつ吉武高木、三雲、須玖岡本、井原、平原遺跡が出現していることは、天孫降臨は九州における歴史的事件であったとする画期の発見に行き着いた。しかしその天孫降臨の命令主体について古田武彦は、記紀がそれを高皇産霊命とし、高皇産霊命《たかみむすび》と天照大神の二人とし、また天照大神ともする三説を尻目に、天照大神の天孫こそ邇邇芸命であったとした。その「天照実在」の根拠として、天照大神は海人族の首長で、その原産地は「阿麻氐留《あまてる》神社」のある対馬で、この神は元、アマテルと呼ばれ「出雲大神の一の子分」で、降臨の目的は北九州の稲作地域への金属器文化をもって武装した対馬・壱岐の海人集団による石器文化地域への侵攻であったとし、その時期を「弥生前期末か中期初頭」とした。

また神武東征について古田武彦は、通説が南九州の日向を処理しかねているのを尻目に、先の天孫降臨地の筑前の日向に改める画期の転換をはかった。しかしそこから記紀をなぞるように瀬戸内海を経過地を素通りし、「鳴門海峡の論証」、「南方《みなみかた》の論証」、「日下《くさか》の論証」等をもって近畿大和への侵攻とし、それは同時代の地形にリアルに対応しているとし、戦後史学の神武架空説を斥けた。そしていま、熊野から大和への神武の経路を紀伊・吉野の山岳ルートに求め、この事件は「弥生中期末、後期初頭」の事件であったとした。

私はこの示唆に富んだ古田武彦の二つ実在論証に多くを教えられながら、その天孫降臨の命令主体を疑い、また神武東征地の大和を疑うほかない地点に立っている。つまり私は記紀は天孫降臨については主体を「書き換え」、神武東征については「場所の移動」をはかったとするのだ。これはこの列島の倭国と日本国の成立に関わるきわどい問題だけに、私はおろそかにすることなく、思考の垂鉛を深く降ろしていきたいと思う。

三　饒速日命信仰圏と天照大神

遠い昔の物部《もののべ》二十五部人の地名を留める、遠賀川流域の兵（つわもの）どもが夢の跡を、私はレンタカーでたどり、真夏に一人六ケ岳山上に立ち、三六〇度開けたパノラマを眼下に見ながら、深いため息に沈んだのは四年前のことであった。天孫降臨を邇邇芸命の手柄と記紀は特筆大書したが、実は降臨の本来の目的地は饒速日命《にぎはやひ》が降り立ったこの遠賀川流域ではなかったか。その周辺に広がる物部氏の剣信仰圏の跡をたどりながら、私は邇邇芸命のした降臨は、それに後続する派生的な一

鞍手郡の天照神社（天照宮）は物部氏の祖神である饒速日命を祀る。

事件にすぎなかったのだと、魔法をかけられたように見る見る内に縮んでゆく古田天孫降臨論をどうすることもできなかった。九州王朝・倭国史の展開は、饒速日命を戴く天神勢力から、邇邇芸命の天孫勢力へ移る展開をたどったため主客は逆転し、また後の天孫傍流を自負する皇孫勢力としての大和朝廷の繁栄は、この流れを首肯し、かつての主役が脇役に甘じる記紀を生み出した。

そんな妄想にとっぷりと浸りながら六ケ岳を下りてきた私は、それを確かめために、鞍手郡宮田町にある天照神社にレンタカーを止めた。果たしてその祭神は天照大神ではなく、やはり物部の祖である饒速日命とあるではないか。その正式名称を天照国照彦火明《ほあかり》玉櫛饒速日尊といい、それを祭神とするのが天照神社なのだ。それは六け岳を取り巻くようにある古物神社、剣神社、八剣神社が、いずれも物部系の剣信仰圏を形成していることからもうなづけよう。筑後においてもその一の宮である高良大社は、物部保連《やすつら》に嫁した高良玉垂命《こうらたまだれのみこと》を祭祀し、赤星神社は弦田物部の祖・天津赤星を祀る。また同地にある伊勢天照御祖神社の祭神は天照国照彦火明尊は、ほかでもない饒速日命なのだ。このように九州の天照神社に一切、天照大神の影はなく、そこは饒速日命信仰圏以外でなかった。それは物部一族が、「筑後国の三潴《みづま》・山門・御井・竹野・生葉《いくは》の各郡を中心として、筑前国では嘉麻・鞍手両郡・西には肥前国の三根・松浦・壱岐へとひろがり、東は豊後まで分布する」という奥野正男の言に重なる。それはさらに、四国の伊予・讃岐を経て紀伊・大和に広がり、東国から東北へとその足跡を辿った谷川健一の『白鳥伝説』へと接続する。

その物部氏は出雲王朝の神裔で、後に倭国や大和朝廷はその上に君臨したとはいえ、その血を物部氏に結局、仰がねばならなかった。ここに九州王朝や近畿王朝にある、言いがたい出雲コンプレックスを形成した。それは幾度となく爆発し、粛清を結果してきた。

日神を主宰する大神として天照大神が伊勢神宮に君臨するのは、たかだか七世紀後半以後のことで、八世紀初頭に成立した『日本書紀』はその政治的意思の表明である。そのことは日神信仰としての饒速日命の正体を曖昧化した。実は三輪山と日神信仰が結びついた春日信仰もまた物部氏に始まったが、それは藤原氏に盗まれ現在に至った。この藤原氏による中臣神道の確立の中で、伊勢神宮が皇大神宮としてそそり立ち、宗教的祭祀権を始めとする一切が物部氏から藤原氏に移る。その物部氏の淵源の地に出雲大社が八世紀始めに再建を見た。それは大国主命の国譲りと引き換えに、その鎮魂のために出雲大社が遠い昔に創建されたのに倣い、物部氏から藤原氏への第二の国譲りの記念碑として、それは再建を見た。それはともかく奥野正男はこう書いている。

ニギハヤヒを祀る天照神社は、アマテラス大神を祀るものとは別な系統に属している。しかし両者は、日神（太陽）を祀るという天神系統共通の性格をそなえており、弥生時代に鏡祭祀を発達させた九州北部に、その発祥の源を求めることが可能であろう。また、古墳時代に入ると、近畿を中心にして鏡祭祀が新しい発展をみせ、それにともない、日神を祀る天照御魂《あまてるみたま》神社が畿内に祀られるようになる。

『延喜式』神名帳の大和国城下郡鏡作天照御魂神社は、同国城上郡他田坐《おさだにいます》天照御魂神社、山城国葛野郡木島坐天照御魂神社、大和国新屋坐天照御魂神社がそれで、いずれもホアカリ（＝ニギハヤヒ）を祀るという伝承をもっている。これらは天照御魂神については、松前健氏や岡田精司氏も皇祖神とは別系統の太陽神であるとしている。

また谷川健一氏は『白鳥伝説』のなかで、神武天皇の東征軍を日下で苦戦させた長髄彦の背後には物部氏がおり、日下の地を中心に日神ニギハヤヒを奉斎し、ここを太陽信仰の拠点にしていたことを論証している。

（『日本の神々1』より）

畿内の天照御魂神社もまた天照大神とは別の太陽神であったと松前健や岡田精司はし、奥野正男はそれを饒速日命とする伝承を拾っている。それは皇国史観を排したとはいえ、皇室を大和に自生したとする戦後史学の根拠をなし崩しにするものである。

そうした中、古田武彦は、四半世紀前から対馬の阿麻氏留神社は天照大神に関係するとし、「出雲の大神の一の家来であった」としてきた。そして今も「日本軍事史の原点―天孫降臨」（「多元No.50」）その他でこの見解を繰り返し、「天照実在」の論証は成ったとした。九州の天照神社が饒速日命で埋まり、また近畿の天照御魂神社もそれと別でない伝承をを伝える中で、対馬の阿麻氐留神社の祭神だけを天照大神とする古田説は、いかなる根拠に依拠するのだろうか。

四　阿麻氐留神社の祭神

実際、阿麻氐留神社の祭神はどうあるのだろう。永留久恵はこうまとめている。

『延喜式』神名帳の、対馬下県郡の阿麻氐留神社があり、それより前『日本三大実録』の貞観十二年（八七〇年）三月条の、対馬の阿麻氐留神社に神位奉授のことが見える。

貞観三年（一八六八）の『対馬神社誌』には、小船越村の三所権現として「三所権現与有之神ハ照日権現与有之候」とあり、この神名は照日権現で、社名を三所権現と称したのは、「神体は弥陀三体木像」とあるように、神体が三座あったからである。ついで宝暦十年（一七六〇）の『対馬国大小神社帳』には、「照日権現神社。祭神天疎向津姫神。右者旧号天照乃神社」としているが、これは伊勢の五十鈴宮の付会したものと見える。つぎに『対馬州神社大帳』（天明年間の著）は

照日権現神社。祭神対馬下県主日神命。又名天照魂命……高御魂尊之孫裔也。皇孫降臨之時供奉之神也。旧事本紀曰、天日神津島県主等云云。載延喜式阿麻氏留神社是也。

として…『先代旧事本紀《くじほんき》』に拠って対馬県主の祖天日神と考証し、またの名を天照魂《あまてるみたま》として高御魂《たかみむすび》の孫裔と説いたことなど、著者藤仲郷の見識を示したものといえる。これは伴信友の『神名帳考証』で

旧事紀ニ天日神命対馬県主等ノ祖トアリ。接スルニ高魂命ノ子也。小船越ニ在リ。御子神降ニ小船越ニハ照日権現云云トアリ。天照神社ナラン。

として確認された形となり、社号を古名の阿麻氏留に復し、由緒もこれに拠って作られている。

（『日本の神々1―九州』より）

つまり阿麻氏留神社は照日権現神社といい、祭神は対馬県主の祖である日の神を祀る。その亦の名は天照大神ではなく天照魂命で、高御魂尊の孫裔とする。これが天照大神に関連あるように見えるのはその呼び名によるが、天照大神はたかだか七世紀後半に成立した政治的尊称にすぎない。この誤解の延長に宝歴十年（一七六〇）の『対馬国大小神社帳』の中に、天照大神の諡である天疎向津姫神の名が現れた。この永留久恵が斥けた線上に古田武彦は天照大神を見たのだろうか。しかし、そんな誤解の線上に納めるまでもなく、天照大神は伊勢の皇大神宮だけでなく、全国の一万五千社に及ぶ神明神社に納まっているのを古田武彦は忘れている。それは天照神社が饒速日命の神社であ

ることが動かせず、神明神社という名を選ぶほかなかったことを語るものである。しかし、この古田武彦の生じた誤解はもっと根深く、古田歴史論と古田神話論にある矛盾に理由をもっているように思えてならない。古田武彦はそれを『「風土記」にいた卑弥呼』でこう書く。

　記紀神話は、筑紫の弥生権力による新作神話である。

　古田武彦は、記紀神話を倭国の神話の盗用とする。それは画期の地平を開くもので、その最初の成果は古田三部作の一つである『盗まれた神話』（一九七五年）に結実した。そこで古田武彦がこう書いたのは必然である。

対馬の小船越にある阿麻氐留神社と筆者

　八百万の神々の中心が出雲の大神だった時代はすでに過去だ。今や八百万の神々の中心は、太陽の最高神、天照大神だ。この一事をP・Rすることこれがこの新作神話の眼目、一番の眼目だったのである。

　記紀神話は多分に倭国神話の盗用であろう。

しかしそれに尽きるものではなく、何よりも八世紀初頭に立ち上がった新たな日本国の大和神話であった。記紀は九州王朝・倭国から近畿王朝・日本国への転換を隠したとはいえ、記紀神話という新たな幻想をもって日本国を荘厳（しょうごん）した。「かつていかなる国家といえどもなんらかの精神的基礎と精神的内容とをもつことなくして存在しない」というランケの言を引くまでもなく、倭国に替わる日本国の創出が、まったく同じ内容なら創出される必要もないのだ。記紀神話を倭国神話の盗用とした古田武彦は、記紀神話をもって逆に倭国の「精神的基礎と精神的内容」を規定した。大和朝廷に先在する九州王朝の発見者が、その倭国に独自の「精神的基礎と精神的内容」を与えることを怠ったのだ。この倭国神話を記紀神話の内容と同値させた結果が、古田武彦が倭国に天照大神が君臨させた理由である。それは古田歴史論と古田神話論の次の矛盾の中で、古田大神（主神）論を結果した。

古田歴史論　出雲王朝→九州王朝（倭国）→近畿王朝（日本国）
古田神話論　出雲神話→記紀神話→記紀神話
古田大神論　出雲大神→天照大神→天照大神

この四半世紀、古田武彦はこの矛盾した論理を修正することはなかった。これによる限り、古田武彦が対馬の阿麻氐留神社の祭神を天照大神とするのは理の当然である。しかしそれは八世紀初頭の倭国に替わる日本国の成立の中で、たかだか登場したにすぎない天照大神を、その倭国開朝の基とした天孫降臨時まで溯らせ、倭国の「精神的基礎と精神的内容」を奪い、そのシンボルとしての倭国大神（主神）をさえ見失わせた。しかし天照大神は田村圓澄の言を借りるなら、白鳳期に始まる「金光明経」の輝く黄金仏と帝王神権説に裏打ちされた太陽信仰として、饒速日命信仰の剽窃として現れたのではないのか。

私は古田歴史論に従って、神話論及び大神論（主神論）を次のように書き改める中で、倭国大神（主神）の追及を始めるほかなかった昔を懐かしく思う。

室伏神話論　　出雲神話→倭国神話→記紀神話
室伏大神論　　出雲大神→倭国大神→天照大神

五　幻想表出とマルクス

戦後史学が神話とした大国主命《おおくにぬしのみこと》の国譲りや邇邇芸命の天孫降臨を、この列島の歴史的大事件に奪回した古田武彦の功績を高く評価するに私はやぶさかではない。しかし天孫降臨事件においては、その主体の「書き換え」の上に成立した天照大神に、すべてを回収している古田武彦の「天照実在」論は、すべてを大和朝廷の事業に回収してきた天皇制の論理に奇しくも重なる。たかだか七世紀の後半に成立した天照大神を天孫降臨時まで溯らせ実体化をはかる古田武彦の現在の在り方は、九州王朝・倭国の「精神的基礎と精神的内容」を空洞化したままに九州王朝説を取るに等しい。それは記紀の幻想表出を疎外して、その指示表出に従うほかなかった文献実証史学の限界とその危うさを示すものである。私は少しくそれについて触れてみたい。

人間は事実に動かされるように、幻想にも動かされる動物である。しかし世のリアリストや文献実証主義者の多くは、自らの方法を大事にするのはいいが、自らが確定した事実もまた自己幻想を免れないという逆説を忘れている。これはいかなる動物にまして人間が幻想的動物であることに由来する。戦後の革新運動は戦前・戦中において皇国史観の側から手ひどい弾圧を食らったこともあって、その狂信的な皇国史観を排するのはいいが、戦時下にあっては、例外なくその徒と化した大衆を莫迦にしたきらいがないではない。しかし石堂清倫によれば、日本の軍部は一九三〇年の暮れから三一年の夏にかけ、一六五万人を動員し、一八六六回の講演会を開いて、「満州を日本の生命線」とする幻想を大衆に吹き込み、満州事変の勃発に備えたという。この活動なくして事変以後の大衆の雪崩をうった軍部支持は生まれなかった。現在、その軍国主義の非をいうのはたやすい。しかし、大衆を組織することなくして政治がありえないなら、彼らは自らの正しさを言う前に、敵の放った幻想に大衆を譲り渡したことをこそ反省すべきである。このことを戦後の反体制運動はまったく抜かったばかりか、敵に奪われた大衆を莫迦扱いする無神経さからも免れなかった。それは大衆を一度ならず二度も唾するものであった。彼らは敵に倍する確かな幻想を大衆に浸透させ、その実践化の中で天皇制幻想の無化をはかることができなかったところに敗北があったことを忘れている。彼らは敵に組織された大衆を疎ましく思い、兵士の死を犬死とし、現在、社会主義思想の瓦解の中で、それに替わる魅力ある幻想を創り出すこともできないのだ。そこに現在の停滞はあるというべきである。それは問題を指示表出からしか問題にしえない社会主義リアリズム論以来の妄論に重なる。彼らは光が粒子であり、また波動でもある二重性をもつように、言葉のさらなる一面である幻想表出からする理解をもたない、ただの唯物（ただもの）主義者に堕し、体制側の政策に反対はできても、それを無化する対案を打ち出すことを知らない。革命は敵のパラダイムの中で相撲を取ることではなく。その脱構築を通した中にしかありえない。マルクスが商品を使用価値と交換価値からなるとしたことを忘れ、ブランド商品の法外な剰余価値に目を剥くだけでは、それを越えた安価な魅力ある商品の開発はありえない。マルクスは商品の価額についてこう述べる。

諸商品の価格または貨幣形態は、それらの感覚的実在的な物体形態から区別された、つまり観念的または表象的な形態である。

この使用価値を包み込んでいる交換価値としての価格と同様に、言語はその指示表出をくるんだ幻想表出としてある。国家意思の表明である記紀、とりわけ正史『日本書紀』の意味するところを、その幻想表出を疎外して、どうして読み取ることができようか。

六　「天照実在」説と高神の発見

思わぬ道草をくったが、話を「天照実在」論証に戻すなら、それはほかでもない古田天孫降臨論にある矛盾の帰結にほかならない。そこで古田武彦は対馬海流上の島々が天国領域だとし、近年次第に比重を壱岐に移したとはいえ、対馬に過大な幻想的思い入れをしている。そこに「天照実在」論証も生まれたのだ。しかし、すでに七年近く前、一大が天の分け字であることを、名古屋の林俊彦が『諸橋漢和辞典』から取り出し、一大国を天国とした以上、天国の中心は壱岐以外ではない。このとき『魏志倭人伝』にある伊都国に常駐する一大率とは、かつて君臨した国王を幽閉する壱岐の占領軍以外ではありえない。しかし古田武彦は、阿麻氏留神社への思い込みもあって、天孫・邇邇芸命を対馬出身としたげである。そこから古田武彦は『古事記』の次の記載に注目した。

天邇岐志国邇岐志天津日高日子番能邇邇芸命

古田武彦は、この邇邇芸命に冠せられた「天津日高日子番能」の記載から、「天国の日高津」の港を守る職能を掘り出し、邇邇芸命を対馬の比田勝の海軍長官とした。私も含め多くがこの古田説に乗ったが、その一人・灰塚照明は、近年、現地調査し、「比田勝——それは『比田方』だった」

を「九州古代史ＮＥＷＳ」95号に寄せている。それによれば、「『比田勝』は応永九年（一四〇二年）七月以降の地名であり、それ以前の地名は『比田方』と」とし、一四〇二年、宗賀茂の叛乱に戦功を立てた佐護茂久が、比田方（潟）での勝利を記念して比田勝と改めたという記事を『糸瀬家文書』や『津島紀事』に拾い、天孫降臨時に「日高津＝比田勝」はなかったとした。それは『万葉集』の比多我多（比多潟）の歌によっても裏書される。

壱岐にある高御祖神社は高神の祖・高皇産霊命を祭祀する。

比多潟の　磯のわかめの　たち乱え　我をか待つな
も　昨夜も今夜も（巻一四　三五六三）
（佐竹昭広共著より）

ところで冒頭の「天邇岐志国邇岐志」であるが、通説がそれを美称として「アマニキシ、クニニキシ」と読み、古田武彦はそれを問題としなかったが、それは「アマのニキシのクニのニキシ」と読むべきだと私はした。このとき、天は天国、邇は美称、岐は壱岐で、志こそがその本貫の地名となる。果たせるかな、壱岐の一大国の跡地とされる原の辻遺跡から二、三キロしたところに志原がある。原に源泉の意味を拾うと、この志原は志の中心を意味しよう。それは邇邇芸命が一大国のサラブレッドであったことを語るものである。壱岐に月神を祭祀する月読神社もあれば、高皇産霊尊《たかみむすび》を祭祀する高御祖《たかみおや》神社もあることを思えば、邇邇芸命は高皇産霊尊の天孫、何よりも万幡《よろずはた》豊秋津師媛の子としてあったことをこれは語るものである。それを天照大神の皇孫とねじったところに記紀が記す八世紀に立ち上がった日本国の共同幻想はあった。そのために記紀は次の邇邇芸命系図を用意した。

高皇産霊尊――万幡豊秋津師媛
　　　　　　　　＝――邇邇芸命
天照大神――天忍穂耳尊

記紀の天孫降臨の命令主体は、高皇産霊尊から次第に高皇産霊尊と天照大神の二人となり、ついには天照大神へとその形を変えたのは、天照大神の流れに天孫を皇孫として取り込む大和朝廷のご都合主義に由来する。このことは筑後の高良大社も壱岐の高皇産霊尊と合祀されていたという月読命を祀る月読神社が、共に高神さんと呼ばれていることを発見した灰塚照明の言に恐ろしいまでに重なっていく。つまり皇神《すめかみ》が大和朝廷の皇室の神々を指したように、高神とは天孫降臨によって確立した倭国の王室の神々を指すものである。大和朝廷が倭国をかつてのまたの名としたため、九州王朝・倭国は一九七〇年代の古田武彦の画期の発見に至るまで、大和朝廷の腹中に一二五〇年の長きに亙り隠されたままであった。それは伊勢神宮の二百数十社を数える神社群の中で、別宮四社とも十社とも言われる中に隠された月読神社の意味が、なかなか見えなかったことに重なろう。

七　天孫降臨の主体

天孫降臨に始まった倭国本朝（筑紫王朝）は、筑前から筑後に本拠を移し、高良大社を営み、大善寺玉垂宮を構えた。この寺は役所を意味しよう。それは仁徳五五年（三六七年）のことと言われる。近くにあるその初代玉垂命の御廟に隣接して月読神社があるのは、倭国大神（主神）が月読命であったことを語るものである。しかし九州にはこの天孫・邇邇芸命を祭祀する小社（天降神社）はあっても高名な神社が見当たらない。これは邇邇芸命の王統系譜を消すことなしに、ある時期以降の倭国運営がありえなかったことを物語る。それは倭国王統系譜の転換、王朝交替と別でない。私はその一線を磐井の乱に置きたい。

天孫・邇邇芸命は、そのときまで倭国では高神（高皇産霊尊）系譜から語られてきた。このとき天孫の母・万幡豊秋津師媛は国母として落とせない。それについての刮目すべき論を発表したのは西村秀己であった。西村秀己は天孫降臨記事を分析して、「我々の思い込みに反する事実」として瓊瓊杵尊（邇邇芸命）はそのときまだ乳飲み子で、「当初の天降り予定者は萬幡姫」であったとし、

「天忍穂耳《あめのおしほみみ》は高天原に還って」しまった以上、「瓊瓊杵は母親の萬幡姫」と一緒に天降ったとした。しかし、記紀神話において「高皇産霊の娘、思金の妹、天忍穂耳の妻、火明と瓊瓊杵の母」である「萬幡姫一人が蚊帳の外」だと述べ、これら日本神話上の高名な神々と縁戚関係にある萬幡姫の不遇を疑った。この西村秀己の「蚊帳の外」発言は、彼が語った以上に大きな問題提起で、記紀神話は、彼女の縁戚上の位置を示すほかは、それ以上をまったくのタブーに置いていた。その別名は、栲幡《なくはた》千千姫、萬幡姫とあるが、もうひとつの万幡豊秋津師比賣《ひめ》から西村秀己はこう迫る。

これらから想像出来る彼女の姿は、「数多くの軍旗に囲まれ豊秋津軍を指揮する女将軍」である。そう彼女こそが幼い瓊瓊杵に代わって筑前を討伐（侵略）した主体なのである。では、この（九州王朝にとっては）嚇々たる功績が史書に記載されていない理由は何か。第一の理由は、後の九州王朝の祖となる天照・忍穂耳・瓊瓊杵の直系系譜から外れていることが考えられる。彼女の功績をあまりに麗々しく取り上げると瓊瓊杵の功績がかすむからである。つまり、九州王朝史官の削除である。第二の理由としては、同じく幼児を胸に抱いて戦った女将軍である神功への転用が考えられる。つまり、大和朝廷史官の盗用である。つまり、この萬幡姫こそが、古田武彦がかつて論証した「香椎の宮の女王」である可能性が高いのである。

（「天孫降臨の詳察」より）

これは九州王朝の直系系譜を古田武彦と同じく「天照・忍穂耳・瓊瓊杵」とし、萬幡姫の果たした役割の紛失を倭国の「直系系譜から外れている」ことに求めたが、それこそ誤解で、むしろ後の大和朝廷の「直系系譜から外れている」ことに理由があったのだ。そうした錯誤はあるものの、この西村克己の発言は多くの示唆に富む。その直系系譜を母系の萬幡姫に戻す限り、天孫降臨事業における天照大神側の功業は、天忍穂耳尊が島に戻った以上、ないに等しい。しかしその後の倭国史の展開は、その傍流の父系の天照大神の側から語られる時代が来たのだ。そのとき、天孫降臨時における萬幡姫の功績の一切はタブーとなり、それら一切は皇孫の功業となった。この天孫降臨の本来の主体ずらしの中で、天照大神側からした皇孫強調の時代が来たのだ。かくして輝ける女王建国伝説は陰に追いやられ、そのイメージは西村秀己が言うように、神功皇后に転用され新たな伝承の発生につながる。九州に突出する息長帯比売《おきながたらしひめ》（神功皇后）の伝承の背景に、このすり替え問題を見なければならない。とするとき「香椎の宮」の御廟もまた萬幡姫と

天孫降臨地にある高祖神社の祭神・高祖比咩神とは萬幡姫のことであろう。

するのがふさわしい。また天孫降臨地周辺にある吉武高木、三雲、須玖岡本、井原、平原遺跡に重なるように、今度、壱岐の原の辻遺跡から三種の神器が出土したことは、天国軍団の出発地及び降臨地をより明らかにするものである。またその降臨地にある高祖神社が江戸時代までは高祖比売神社とあったことは、現在の祭神からその名は失われたとはいえ、その祭神を高皇産霊命の娘・萬幡姫とするものであろう。それは彼女こそ天孫降臨の主体であったことに関わろう。このことは即位儀礼において天皇が真床追衾《まどこおぶすま》する意味が、降臨の主体・萬幡姫が乳飲み子の邇邇芸命に新たな新天地を与えることを示す、その統治者にふさわしい衣装をもってくるむ行為であったことをまた明らかにしよう。

八　比売大神と伽耶

ところで西村秀己は豊の国を中心とする比売神信仰は彼女のことかも知れないとし、「もし萬幡姫が八幡の比売大神であるならば、これに応神と神功が合祀された理由は明快である」と、胎中天皇を抱く神功皇后に乳飲み子の邇邇芸命を抱く萬幡姫のイメージが簒奪されたことを暗示した。この発表のあった大阪例会で、私は「萬幡は八幡に通じるから、宇佐神宮の大神にふさわしい」と述べ、そのとき言葉を控えたが、西村秀己が萬幡姫を多くの軍旗を率いる豊の秋津である別府湾岸にいた女将軍とする以上、八幡神が多くの秦《はた》氏の神を意味するなら、彼女は別府湾岸にいた秦系海人軍団の女将軍とすべきと考えた。それは『隋書』にある秦《しん》王国は豊前にあったとする泊勝美や大和岩雄の言に重なる。

私は長い間、高皇産霊尊を天国の海人族の長としながら、その出自を捕捉しかねていたが、今、その姫娘・萬幡豊秋津師媛命からようやく秦氏の流れと幻視した。秦氏は南朝鮮の金海伽耶に出自をもつ。その伽耶は、その昔、狗邪《くや》韓国と呼ばれ、南方系の倭人社会を形成したが、いつしか北方系騎馬民族の王を戴く国となった。それは一九九〇年に金海伽耶の大泉洞古墳から三十九基の騎馬民族特有の「槨あって棺無し」の王墓の発見によって明らかである。その伽耶王族は海人の導きによって壱岐に進出、一大国を形成し、対岸の九州を伺う。そして別府湾岸に勢力を蓄え、筑前の縄文稲作地域への進出の機会を待った。そして饒速日命の遠賀潟への進出に続き、その高皇産霊命は萬幡姫を得て、壱岐と豊秋津の海陸両面から筑前の糸島への侵入に成功したのが邇邇芸命の天孫降臨事件であった。

ところで大倭《やまと》豊秋津嶋の亦の名は天御虚空豊秋津根別と『古事記』にある。この虚空はソラと呼び、新羅の古名の斯盧がシラともソラとも呼ぶのに重なる。これは天国の斯盧系海人族が豊秋津に入植したことの表示で、伽耶が後に新羅に併合されたところから、伽耶は斯盧に重なって呼ばれたのであろう。それは萬幡豊富秋津師媛の分析に重なる。つまり天孫降臨に始まる倭国王権は、九州自生の王権ではなく、韓半島の伽耶王を戴く海人族の王権であった。それは対馬海流上の天国に自生した王権でもなかった。その伽耶王権について江上波夫は、北方騎馬民族の扶余族の辰《しん》（秦＝金）

王朝の本系に当たるとし、また海人族である倭人の淵源について鳥越憲三郎は長江下流の江南人とした。それは「倭人を呉の太伯の後」とした多くの漢籍に重なる論証で、九州にまず縄文稲作国家を立ちあげた倭人は、あの春秋戦国時代の長江下流にあった呉の王権の流れにあった。天孫降臨とはこの南方王権国家の上に北方騎馬民族の支配が覆ったのである。このことは、この列島の古代史が東アジアの民族移動の流れの一齣にすぎなかったことを証すものである。私はそれを日本古代史の南船北馬と呼びたい。

九　九州王朝多元説へ

ところで、古田武彦は天孫降臨時期について、注目すべき発言を行った。

筑紫（福岡県）を中心とする地帯において「弥生前期、以前」「弥生中期以降」との間に、出土物分布上での「画期線」があり、そこで〝激変〟を生じている事実が右（「天孫降臨」）の史実性をありていに証明している。

（「神武古道」より）

この断定の背景は、倭国は天孫降臨に始まるとする古田説にとって理の当然である。しかし菜畑遺跡、板付遺跡等の縄文稲作遺跡は、それ以前に倭国は始まり、天孫降臨は、出雲の大国主命の国譲りと同様、九州の国譲り事件とすべきであろう。それによって支配層は南方系から北方系に替わったが、倭人社会であったことに変わりはない。とするとき、この「画期線」は天孫降臨によるのか、「呉の太伯の後」の入植によるのか、はたまた記されない真実によるのか、考古学からしたすり合わせを必要とするであろう。そのとき伽耶史からした申敬澈の次の言もまた注目されよう。

伽耶には基本的に二つの謎があったと思います。一つは今お話ししたように、金海で三世紀末以降、北方文化をもつ墓がそれ以前の墓を破壊しながら出現するという謎、もう一つは、やはり、金海で五世紀前葉以降、支配者集団の墓が急に築造されなくなるという謎です。加耶の盟主のなった金官加耶の支配者が五世紀初め頃、突如いなくなったのですね。学問的には謎という言葉はよくないですが、その謎を解かなければ、韓日古代史の解明は難しくなるのではないかと思っています。

（『幻の加耶と古代日本』より）

金海加耶はかつて狗邪韓国とあり、それは江南の犬祖伝説を誇りとする南方出自を語る。それが「三世紀末以降、北方文化をもつ墓がそれ以前の墓を破壊しながら出現」したことは、北方系騎馬民族支配の開始を物語ろう。天孫降臨事件は次第に伽耶に足場を失った海人族が新たな北方騎馬民族と妥協し、「三世紀末」を前後して九州を襲った事件ではないのか。その傍流による神武東征はその後に始まる。この神武東征を戦後史学は否定したが、古田武彦は記紀の記述はリアルだとして大和への歴史的な侵攻事件として復権させた。私は大塚初重が江上波夫の騎馬民族二段階征服説に考古学の立場から首を横に振ったように、古田神武論に幻想史学の立場から異論を呈したい。

騎馬民族二段階征服説は、九州への騎馬民族の侵入を「四世紀前半」とする、これは「三世紀末」を前後とする申敬澈の言からした私の幻視に恐ろしく重なる。しかし畿内への進出を「四世紀末ないし五世紀始め」とする説は、現在のところ考古学的裏付けをもたないと大塚初重は言う。ここにある問題とは何か。それは私に言わせれば、記紀の神武東征をフロイトの「場所の移動」を忘れて論議してきたつけなのである。江上波夫は九州への騎馬民族の侵入を第十代・崇神天皇に見て、畿内への進出を第十五代・応神天皇の時代とした。この崇神を九州に置くことに異存はないが、問題は、神武東征を記紀が九州から大和への東征事件としたのを、江上波夫は応神の大和帰還に重ねたのだ。それは「神武実在」を主張する古田武彦と数百年の時間差をもつが、その移動を疑わない点では私には同じ穴のむじなと見える。というのは記紀は、六六三年の倭国の白村江の戦いまであった九州の大倭《やまと》での歴史の一切を、近畿大和の歴史に取り込んだところに記紀を立ちあげた。それは天武によって倭国復興王朝に始まった大和朝廷の真実を隠すために、八世紀初頭に立ち上がった日本国がもっとも策を弄したところである。この記紀のこしらえものとしての幻想的構造を誰も読めないのだ。問題を古田武彦に戻すなら、それは天孫降臨の主体を後の大和朝廷の天照大神に付会した錯誤に重なる。八世紀初頭の「悠久の大和史観」の創出を策した記紀の幻想的構造を、古田武彦もまったく気づかないのだ。このことは筑前の日向に天孫降臨地を確定する画期の出発点をもちながら、神武による近畿大和への東征の幻想的構造への理解を欠くため、それを実体的な歴史と誤解する「神武実在」論証を生むほかなかった。

とするなら白村江の敗戦までの記紀における九州と大和との葛藤は、九州域内の葛藤に差し戻し考察されねばならぬ。今夏、「九州古代史の会」主催による『磐井の乱』とは何か〜九州王朝多元説を追う〜」のシンポジウムが、これまでの九州対大和の構図を蹴って、九州域内の倭国王朝内部の対立抗争とする視点を確立したことは、この流れが市民権を得つつあることを示すものとして注目される。しかし八世紀に成立した日本国は、記紀をもって天武に始まった大和朝廷の開朝を隠すために神武東征事件を立ちあげ、それを近畿大和での事件としたのは、伽耶王朝隠しとそれに替わった百済王朝系のご都合主義による。それは崇神の事跡を分離する中に神武東征を創出させた津田左右吉や水野祐の見解となり、神武に天武の重なりを見た直木孝次郎や、神武に継体との重なりを見る床司浩の研究となって現れざるをえなかった。しかしたった一行の瀬戸内海経過地を挟んで近畿大和に到着した神武東征のイメージは、神武東征否定論、肯定論のそれぞれを金縛りにしている。それは九州大倭から近畿大和への「場所の移動」を忘れた議論なのだ。この神武東征を否定した戦後史学を蹴って、再び神武を歴史に復権させたのが九州王朝説の古田武彦であったのは、なんという逆説であろう。それは九州王朝説そのものを、九州王朝と近畿王朝の二元論に股裂きし、九州王朝説の半分を大和に売り渡すこととなってしまった。

私は天孫降臨の主体を記紀の思惑を逃れ高神系譜に戻したように、その神武東征を本来のあるべき位置に、つまり九州の筑紫からその東の豊前への東征に引き戻すことによって、九州王朝説の旗色をさらに鮮明にしたいと思う。それは九州王朝説の多元化と内部葛藤から日本国の誕生を見つめることと別でない。

一〇　神武東征地の移動

その古田武彦が記紀にある神武東征地を、「鳴門海峡の論証」、「日下の論証」、「南方の論証」等をもって、河内湖の奥にある日下への侵攻に失敗し、南方からの逃亡は、当時の弥生地図に合致するリアルなものであったとした。しかし日下雅義の「六〜七世紀の摂津・河内・和泉復原図」は、草香江（河内湖）の奥に草香津を、またそこからの長髄彦の逆襲による逃亡経路が、遠い昔は南方以外になかったことを語っている。そして、新たにそこから紀伊半島を迂回して熊野からの大和侵攻を、新たにたどり直した「神武古道―歴史学の本質」（「新・古代学」第六集）を古田武彦は書き、熊野から大和への侵入経路を紀伊山系の稜線をたどる山岳行路とした。これに対して古賀達也はそれ主体が天神御子《あまつかみのみこ》とあるところから、それを邇邇芸命の天孫降臨事件の取り込み造作とする論を成し、異議を呈した。しかし神武東征への疑義はそんな部分的なものではなく、九州から近畿への瀬戸内海行路の検証をただ「鳴門海峡の論証」に留め、近畿大和への侵攻を当然とした上で明石海峡から鳴門海峡に置き換えるだけの論証であったことこそが問題なのだ。それは戦中、皇紀二千六百年に合わせ神武天皇聖蹟調査委員会（会長・三上参次）が、調査を予定した三十六件を十八件十九ケ所に限りながら、なお半数が「徴証が十分でなく、聖蹟の箇所と決定しがたかった」とした調査にも劣るというより、調査なしの確定なのだ。

古田武彦の天孫降臨論は、天上にあった天国を対馬海流上の島々に奪回した。また南九州に「移動」させられていた降臨地を、筑前の高祖山のクシフル岳の日向《ひなた》に回復させた。またその神武東征論において、その出発地を宮崎県の日向《ひゅうが》から筑前の降臨地の日向《ひなた》に戻した。これらすべてに「場所の移動」を明らかにしながら、その東征地の大和については、露も疑うことはないのだ。それは我々の中にある大和信仰が、タブーとしてその無意識まで支配していることを如実に裏書するものであった。『日本書紀』はその天孫降臨地を西のほとり（西偏）と書き、その対句として東の方に良い土地があるとした塩土翁《しおつちのおきな》の話を置いた。これは博多湾岸の豊葦原瑞穂国《とよあしはらのみずほのくに》を中に置いて、西に天孫降臨地あれば、東に神武東征地があるとする九州域内の記述としか読めない。しかし『魏志倭人伝』で伊都国からはるばる水行十日、陸行一月させてでも、大和説は邪馬壹国を大和にもって来なければ承知しなかった。それを徹底的に論破した古田武彦が、安芸国と吉備の高島宮を飛び石にして鳴門の渦に巻き込まれるように摂津難波に至る。しかしそれらは豊前の国東半島にある萬幡姫の根拠地である安岐や、周防灘に浮かぶ高島の付会と見ることも可能である。

ところで、日向を起点にして、記紀は神武東征経路をそれぞれ次のように書く。

『古事記』　日向→宇沙→岡田宮→安岐→吉備→（速吸門）→浪速
『日本書紀』　日向→（速吸之戸）→菟狭→岡水門→安芸国→吉備国→難波

これは速吸門《はやすいのと》（速吸之戸）の位置を除けば順路はまったく同じである。古田武彦は、速吸門は明石海峡よりも鳴門海峡こそがふさわしいとしたのは、槁根津日子《さおねつひこ》（椎根津彦《しいねつひこ》）の案内を受けるほどに困難な海峡でなかったことに関わる。この椎根津彦を『日本書紀』は倭直《やまとのあたい》の祖としている。この倭直につながるものであるかを詳らかにしないが、倭乙継《やまとのおとつぐ》の娘・高野新笠は桓武天皇の母にあたる。それが百済の武寧王の子孫にあたることから、今上天皇の昨冬の「韓国との深いゆかり」発言もまた生まれた。この倭は時に大倭と書かれる。その大倭の位置を、記紀の始めにある国生み神話から考えてみたい。

古田武彦は『盗まれた神話』の冒頭で『古事記』の国生み神話を取り上げ、伊邪那伎と伊邪那美が沼矛から落ちる塩を固めて、①淡道（あわじ）之穂之狭別島、②伊予二名島、③隠岐三子島、④筑紫島、⑤伊岐島、⑥津島、⑦佐渡島、⑧大倭豊秋津島の大八島国を生む話を取り上げ、銅矛圏の中に銅鐸圏の大倭豊秋津島の本州が入るのを「不審である」とするところから初め、本論では『日本書紀』の大八洲を取り上げ、この洲は「シマ」と呼み習わしてきたが、本来は「クニ」と読むべきで、筑紫洲は九州全体ではなく、邇邇芸命の天孫降臨の支配領域としての筑前を指し、大倭豊秋津洲の大倭は後の付加で、別府湾岸の安岐辺りを指すものとし、これを天孫降臨時点の政治地図とした。

しかし、記紀は天孫傍流の神武東征に始まる天皇家の正史であることを考えると、これは神武東征時点の政治地図と解すべきではないのか。そのとき筑紫島（洲）は、天孫降臨地が筑前から筑後へと拡大した筑紫を指し、大倭豊秋津洲は神武東征によって手に入った大倭を含む豊秋津島と解すべきで、それは豊秋津が国東半島の別府湾岸を指す限り、それに連続する豊前地域こそ大倭と解するのが、最もリーズナブルな理解であろう。古田武彦は大和の「場所の移動」という考えがまったくないため、なぜ九州の豊の地域を指すこの名前が、本州の亦の名になっているかについて疑問を置くことはなかった。その面前に速吸之戸と呼ばれる豊予海峡があったにも関わらずである。ここに豊前の地名と地勢からした大和の前身とする大芝英雄の豊前王朝論が「九州の難波津の発見」を糸口に出現せざるをえなかった理由がある。この大芝英雄の原大和の発見は、古田武彦の九州王朝の発見に優るとも劣らぬ九〇年代の画期の発見で、それは羽柴秀吉が天皇より受けた豊臣の意味の秘密につながる。

大和の原郷としての大倭が豊前に出現した以上、そこに先に降臨した饒速日命の足跡が、なければなるまい。果たせるかな豊前の奥に発する遠賀川一帯は、物部二十五部人の地名の氾濫地域であることについて私は冒頭に見た。このことは神武東征とは日向《ひなた》に発し、岡水門《おかのみなと》から遠賀湾の奥深い大倭《やまと》への侵攻が長髄彦の反撃に遭い、兄・五ケ瀬命を失うほどの痛手を受け、ほうほうの体で彼らは関門海峡を迂回して、国東半島の安岐に滞留した後、付け根の御毛国に入り捲土重来を期したのが見えてくる。それは神武の別名、狭野命、稚三毛沼命が日向及び御毛国の呼び名とすると理解しやすい。そのとき神倭磐余彦命《かんやまといわれひこ》は大倭入りに成功した後の名となろう。その神武の大倭侵入の手引きをした槁根津日子は、海流の流れも知っていたであろうが、おそらく天神族の内部を熟知し、神武側に寝返った手引者（スパイ）であったろう。

二　日本王権の淵源と出雲王朝

記紀において天孫降臨の功績は高皇産霊尊系から天照大神系に「書き換え」がはかられ、神武東征は豊前から大和へ「移動」させられた。そのとき古田武彦の「天照実在」と「神武実在」の論証は、記紀が「幻在」させたものの論証でしかなかった。この錯誤は古田武彦が記紀を指示表出から読むだけで、もうひとつの幻想表出を見ないところにあったことは自明である。そこでは日本国（大和朝廷）が、その幻想的支配を揺るぎないものにするために、それ以前にそそり立った共同幻想をなかったものとした記紀記述の意味が見失われている。それは九州王朝の開始を天孫降臨から始めたことに重なる。縄文稲作国家や、邇邇芸命に先立って遥かに大規模に行われた饒速日命の降臨の意味を、古田武彦はまったく捨象した。その饒速日命の降臨について『先代旧事本紀』は次のように記す。

饒速日尊天神の御祖の詔を稟て天磐船に乗て河内國河上哮峯に天降坐し則ち大倭の鳥見の白山に遷坐す。所謂天磐船に乗て大虚空を翔行て、是郷を巡睨て天降坐す。即ち「虚空見つ日本國（やまとのくに）」と謂は是なるか。（大野七三訳より）

この降臨地について、通説はこれを近畿の河内とし、石切剣箭神社の上宮をあげるが、私はそれを遠賀川流域の六ケ岳周辺の河内に求めるほかない。物部二十五部族の名が、遠賀川上流の馬見に始まり鞍手郡に、小竹（狭竹）、新多（二田）、新北（贄田）、弦田、芹田、都地（十市）、赤間、島門（嶋戸）、企救（聞）等の名を容易に拾うことができる。その饒速日尊は「三十二神霊、五部造、二十五部人」の堂々たる布陣を取って降臨した。邇邇芸命の祭祀氏族を中心とした「三神霊、五部族、二軍団」をもってした日向のクシフル岳への降臨なぞ比ぶるべくもない。当時、遠賀川は遠賀潟であったから、その潟湖を利用した稲作地域への降臨で、そこに海人族が目的とした大倭の地はあった。

天神と称される饒速日尊の正式名称は、天照国照彦火明玉櫛饒速日命である。この名前からすると饒速日尊の降臨は、邇邇芸命がしたような征服的なものではなかった。というのはこの日神信仰は天国とこの列島の国々を共に照らす日神とあって、天国だけを照らし、国つ神を見下げる、後の天照大神を中心とする信仰にはない暖かさがあった。しかしその共治体制を生ぬるいとする海人族の急先鋒に邇邇芸命はあり、その流れから神武も現れ、饒速日命の傍流を臣下の物部氏とする体制が九州大倭に生まれたのだ。後に同じ祭祀氏族である藤原氏による物部狩りは、その饒速日命一族に生きる場さえ与えなかった。

いわば、記紀の強調する国家は、海人族を率いる北方王権による征服国家の完成にほかならない。この征服国家の中で、かつてこの列島の最初に君臨した出雲王朝の神裔である饒速日命の傍流は臣下の物部氏となった。これに堪えられない本流は、九州から大和や東国へその勢力の中心を移動させた。近畿の河内の石切剣箭神社を中心とする饒速日命伝承は、かつての九州での降臨伝承を新たな新天地に付会したものであろう。ところで古田武彦は大和の画期線をこう置くのだ。

だが、ここでももっとも重大な一事がある。それは、「弥生中期末までは、銅鐸が大和盆地から叢出し、多在している。唐子・鍵遺跡等から、その鋳型や実物が発掘され、出土している。しかるに、弥生後期に入っては、一切の銅鐸は消滅する」という点だ。だから、この「中期末、後期初頭」という時期を「画期線」として、大和盆地に一大変動のあったこと、確実である。一点の疑いもない。

（「神武古道」より）

この「画期線」に古田武彦は「反銅鐸勢力の大和盆地侵入」として、神武東征を置き「神武実在」の論証とした。しかし、神武の東征は豊前への侵入でしかなかった以上、それは記紀を肯定する短絡にすぎない。むしろそれはその神武によって九州大倭を追われた饒速日命の可能性の方が高いのである。しかしそう私は断定するものではない。というのは、私にはそれが饒速日命の畿内進出によってもたらされたものか、あるいは饒速日命勢力内部の確執を語るのか、文献にない葛藤であるのか、まったく見当がつかないのは、記紀が九州大倭を中心にした史書の書き換えにすぎないことによる。このことは、この「銅鐸の消滅」は、天皇史の始まりを語るものでも、天皇史内部の事件でもなかったことを明らかにする。とするとき、それを記紀から憶測する議論ほど危ういものはないのだ。記紀から古田武彦はそれを神武としたが、それは皇室が大和自生でないと同様に、もはやそれはありえないのである。それは天皇史以前の未知の大和史を想定するほかに解決の道はないのだ。その意味で日本古代史は探索は未来の掘削と同様にまったく等価なのだ。

ところで、記紀は饒速日命と瓊瓊芸命を天照大神の孫として扱った。その意味で饒速日命の降臨も天孫降臨にほかならない。しかし『先代旧事本紀』から大野七三が作成した系図によると、八雲族（八俣大蛇族）を退治して出雲王朝の開祖となった素佐之男尊（素戔嗚命）の第一妃は奇稲田姫で、その娘・須世理姫の婿養子が大国主命で、第二妃の神大市比売の息子を饒速日命としている。その第三妃が大日霊女貴尊、これが天照大神とあり、その孫ではなく息子に瓊瓊芸命は置かれ、記紀系図とは異なる。しかもこの系図には、高皇産霊尊の姿はまったく失われている。彼ら先祖の征服者であったからであろうか。

しかし、この『先代旧事本紀』の語るところは、瓊瓊芸命や神武は出雲王朝の分流の流れでしかなかったことを明瞭に語るものである。つまり古田武彦のいう九州王朝・倭国も、その傍流の神武に始まる大和朝廷も、出雲王朝の分流にすぎないというわけだ。そして八世紀に行われた藤原氏による物部狩り（玉藻刈り）は、幾度の征服にもめげず不死鳥のごとく蘇った出雲勢力としての饒速日命一族に、藤原氏は最後の断罪を加える中に新たな日本国の創出もまたあったことを語るものだ。それは遥か遠い昔に大国主命を鎮魂するために十六丈の天御舎が創建されたのに倣い、八世紀に出雲大社の再建は促された。それは倭国王家や大和の天皇家を軽く睥睨（へいげい）した出雲王族を、天皇の名において粛清しようとするもので、そのためにいっさいの行為は赦され、祓われるのだとする大祓の祝詞が中臣氏の取り仕切るところとなり、天皇家はこの大和の創業の昔からあったとする正史『日本書紀』をそそり立たせたのだ。これによって邇邇芸命の陰に饒速日命が隠され、その饒速日命が降臨した豊前大倭の一切を隠すために、新たな大和幻想の創出が必要となり、記紀は天武に替わる大和への神武東征の造作を必要とした。この記紀に仕組まれた幻想的構造を見据えた中に水野祐はこう神武論を置いた。

神武天皇に関する書紀の全伝説は、戊午革運の大和統一伝説と、辛酉革令の即位伝説と、四年の鳥見山中に於ける皇祖天神地祇の郊祀―それは恰も甲子革令歳に当つてゐる―とに集中されてゐる。斯く解しきたれば最早書紀の神武天皇に関する所伝は凡て古代中国の天文学に出発する讖緯思想によって構想されたものであることは明瞭となる。従って神日本磐余尊なる人物そのものの存在は疑わしくなってくるのである。この点に関しては古事記の所伝も全く同じことである。

（『日本古代王朝史論序説』より）

これは記紀から「神武実在」を導き出した古田武彦と違い、神武像の形成に記紀編纂者がどんな思惑を凝らしたかを見ている点で、記紀の幻想的構造の一端に触れるものであろう。それは新たな大和氏族伝承で彩って神武像は構成されているとする論にも見られるものであり、崇神天皇の伝記の四年以前を分離して、その東征伝説をもって初代・神武天皇を創作したとする論と共に、神武伝説を虚構の中に見据えている点で、私には一等、上等な議論のように思えた。

古田武彦の文献実証史学は、戦後史学にない多くの画期の発見をもたらした。しかし「天照実在」論証や「神武実在」論証に見られる素朴実在論的な記紀理解は、記紀そのままの「歴史」を肯定する危うさをまたさらけ出している。批評的観点を優先する限り、私は記紀の指示表出を排しはしないが、ここ当分はその幻想表出から文献実証史学にある歪みを正すほかないというわけだ。

（平成一四・八・二四）

原稿を募集致します

越境の会

原稿を募集します。400字詰め原稿用紙で30枚以内です。写真、地図等を数枚添えて戴ければありがたいです。

この本は執筆者の一定の負担の上で出版されていることをまず理解いただき、その上でご応募下さい。原稿は「越境の会」の複数会員の輪読の上、採用を決め、通知します。応募原稿はお返しできませんので、必ずコピーをお取り下さい。宛て先は下記の通りです。

〒586-0065　大阪府河内長野市南ケ丘38-9　　室伏志畔

執筆者一覧

大芝英雄　〒582-0014　柏原市青谷50　グリーンデル柏原501号
TEL0729-79-0636

兼川　晋　〒814-0006　福岡市早良区百道2丁目6-17-306
TEL 092-831-7938

添田　馨　〒331-0042　さいたま市奈良町98-35
TEL 048-651-3858

福永晋三　〒190-0011　立川市高松町3-25-13-102
TEL 0425-23-4217

松崎健一郎　〒319-0315　茨城県東茨城郡内原町内原1408-2
TEL 029-259-4406

三宅利喜男　〒535-0031　大阪市旭区高殿5丁目12番1-508
TEL 06-6952-4094

室伏志畔　〒586-0065　大阪府河内長野市南ケ丘38-9

越境としての古代

2003年２月14日　初版第１刷発行

編　者　　越境の会（代表・室伏志畔）
発行者　　川上　徹
発行所　　(株)同時代社
〒101-0065 東京都千代田区西神田2-7-6
電話 03(3261)3149　FAX 03(3261)3237
印刷・製本　(株)ミツワ

ISBN4-88683-491-4